우리말 법화경 사경

도서출판
좋은인연

우리말 법화경 사경 제1권

姚秦三藏法師鳩摩羅什奉詔譯
(요진삼장법사구마라집봉조역)

제1 서품　　　　12

제2 방편품　　　75

우리말 법화경 사경노트를 내면서

    법화경은 교상판석의 분류를 통해 보면 그 교리적 위치를 확연히 알 수 있습니다. 사실 교상판석을 통해 보지 않더라도 우리 불자들에게 널리 읽히는 것만 보더라도 얼마나 중요하고 대단한 경인지 알 수 있습니다.
    법화경이 이렇게 중요한 것은 법화경에 부처님의 대단한 메시지가 들어있기 때문입니다.

    그렇다면 어떤 메시지가 있는가?
    첫째, 삶의 자신감을 가져다줍니다.
    법화경에는 많은 수기 이야기가 나옵니다. 심지어 여러 방법으로 부처님을 해하려고 했던 제바달다에게조차 부처님께서는 '과거 인연공덕으로 너도 후일 부처가 될 것이다'라고 말씀하십니다. 그래서 법화경은 우리에게 희망의 메시지를 주는 경인 것입니다.

    둘째, 이 법화경은 공간에서의 평화를 제공합니다.
    법화경은 통일원리, 개권현실경이기 때문에 이 경전을 통하면 가정이든 사회든 사람 사는 어느 곳이든지 모두 평화를 주는 그런 힘을 가진 경입니다.

셋째, 영원한 생명력을 깨닫게 해줍니다.
영원한 생명력이신 부처님의 그 영원한 법신, 본래 부처님 본불(本佛) 사상이 다 드러나 있기 때문에 우리에게 영원한 생명력이 무엇인지 그것을 깨닫게 해줍니다.

넷째, 제 25품 관세음보살보문품과 같이 부처님의 불가사의한 힘을 우리에게 나타내면서 바라는 바를 성취시켜줍니다.
다시 요약하여 말씀드리면 이 법화경의 힘, 법화경이 가지고 있는 그 공덕, 법화경이 담고 있는 메시지의 힘은 네 가지입니다.

첫째, 삶의 자신감을 준다.
둘째, 공간에서의 평화를 제공해 준다.
셋째, 영원한 생력을 깨닫게 해준다.
넷째, 바라는 바를 성취시켜 준다.

영국의 유명한 역사학자 아놀드 토인비가 1975년 마지막 강의를 하면서 다음과 같은 질문을 받았습니다.
"20세기 가장 큰 사건이 무엇이라고 생각하십니까?"
아놀드 토인비가 말했습니다.
"동양의 불교가 서양에 전래된 것입니다. 세계 평화를 가져다 줄 종교는 불교밖에 없기 때문입니다."

그만큼 불교가 유럽에 소개된 것은 큰 사건이었습니다. 그리고 토인비가 말했습니다.

"제가 여러분께 권하는 10가지 책이 있습니다. 그 중에서 불교경전인 『법화경』을 꼭 읽어보시기 바랍니다."

법화경은 토인비의 말대로 평화의 메시지, 평화의 힘이 있는 경전입니다. 우리는 모두 평화를 갈구하며 살고 있지 않습니까? 가정에서나 사회에서나 인간관계에 있어서 평화만큼 좋은 것이 없습니다. 바로 이 법화경에 그 평화의 메시지가 깃들어 있다는 말입니다. 공부하시다보면 왜 그러한지 알게 되실 것입니다.

그래서 옛사람들은 '용을 그리고도 용의 눈을 그리지 못하면 용을 그리지 못한 것처럼 많은 불교경전을 공부하였어도 법화경을 공부하지 않았다면 불교공부를 다하지 못한 것과 같다' 라고 말하였습니다. 즉, 모든 불교경전의 결론을 내는 공부가 바로 법화경입니다. 그만큼 중요한 경전을 우리가 현재 만나고 있는 것입니다.

無一 우학 스님의 〈법화경〉 강의 중에서
- 도서출판 좋은인연 편집부

사경의 의의

사경이란 경전 말씀을 따라 쓰거나 옮겨 쓴다는 뜻으로 기도 수행의 한 방편입니다. 사경은 스스로 그 마음을 맑혀가는 거룩한 자기 불사(佛事)입니다. 이렇게 사경한 종이는 탑 등에 봉안되는데 불국사 석가탑에 모셔져 있다가 얼마전 세간에 알려진 무구정광 대다라니가 그 대표적 예입니다.

사경의 공덕

깨끗하고 맑은 마음으로 부처님의 원음(圓音)을 옮겨쓰는 불자는 이미 윤회의 고통을 벗어나 있습니다. 정성다해 사경하는 이에게는 불보살님의 가피와 위신력이 있어 일체 모든 장애는 사라지고 기쁨이 늘 충만한 삶이 전개될 것입니다.

— 사경의 공덕이 탑을 조성하는 것보다 수승하다(도행반야경 탑품).
— 만약 어떤 사람이 경전을 사경, 수지, 해설하면 대원을 성취한다(법화경 법사공덕품).
— 무수한 세월 동안 물질로 보시한 공덕보다 경전을 사경, 수지, 독송하여 다른 이를 위해 해설한 공덕이 수승하다(금강경 지경공덕분).

사경 순서

1. 몸을 청정히 한다.
2. 부처님 사진 등을 모시고 향을 피운다.
3. 예불을 올린다.
4. 사경 발원문을 독송한다.
5. 정성껏 사경에 들어간다.
6. 사경 회향문을 읽고 부처님 전에 삼배한다.

사경발원문

사경제자 _____ 합장

사경시작 _____ 년 _____ 월 _____ 일

기도는 다겁생으로 지어온 죄업을 맑히고 현생에 길들여진 가치관과 습관을 풀어가는 거룩한 작업입니다. 기도는 올바르게 살려는 자기 자신의 의지이며 자신에 대한 믿음의 표현입니다. 자신이 탐진치로 뭉쳐진 중생임을 인정하고 온 우주법계에 가득한 법신의 부처님께 나아가려는 정성이 기도이며, 그렇게 함으로써 모든 속박과 허영으로부터 벗어나 마침내 뚜렷한 진리당체인 마음 속의 둥근 달이 떠올라 법신의 부처님과 하나가 됩니다.

- 無一 우학 스님의 〈법문 속의 명구〉 중에서 -

제일 서품

이와 같이 나는 들었다.

어느 때 부처님께서는 왕사성의 기사굴산 가운데서 큰 비구 대중 일만이천인과 함께 계셨다. 이들은 모두 아라한으로서 모든 망상이 이미 다하여 다시는 번뇌롭지 않으며 자기 공부에 익어 모든 존재의 속박으로부터 벗어나 마음의 자재함을 얻은 이들이었다.

第一 序品

如是我聞 一時 佛 住王舍城 耆闍崛山中 與大比丘衆萬二千人 俱 皆是阿羅漢 諸漏已盡 無復煩惱 逮得己利 盡諸有結 心得自在

그들의 이름은 아야교진여, 마하가섭, 우루빈나가섭, 가야가섭, 나제가섭, 사리불, 대목건련, 마하가전연, 아누루타, 겁빈나, 교범파제, 이바다, 필릉가바차, 박구라, 마하구치라, 난타, 손타라난타, 부루나미다라니자, 수보리, 아난, 라후라 등으로 대중들이 잘 아는 대아라한들이었다.

　또 아직 배우는 이와 다 배운 이가 이천 인이 있었으며, 마하파사

其名曰 阿若憍陳如 摩訶迦葉 優樓頻螺迦葉 伽耶迦葉 那提迦葉 舍利弗 大目犍連 摩訶迦旃延 阿㝹樓馱 劫賓那 憍梵波提 離婆多 畢陵伽婆蹉 薄拘羅 摩訶拘絺羅 難陀 孫陀羅難陀 富樓那彌多羅尼子 須菩提 阿難 羅睺羅 如是衆所知識 大阿羅漢等 復有學無學 二千人

파제 비구니는 그의 권속 육천 인과 함께 있었고, 라후라의 어머니인 야수다라 비구니도 또한 그의 권속들과 함께 있었다. 또 팔만 인의 보살마하살은 모두다 아뇩다라삼먁삼보리에서 물러나지 아니하여 다라니와 요설변재를 얻어 물러나지 않는 법륜을 굴리며 한량없는 백천의 부처님께 공양하였고, 모든 부처님 계신 데서 여러 가지 덕의 근본을 심었으므로 항

摩訶波闍波提比丘尼 與眷屬六千人 俱 羅睺羅母 耶輸陀羅比丘尼 亦與眷屬 俱 菩薩摩訶薩 八萬人 皆於阿耨多羅三藐三菩提 不退轉 皆得陀羅尼 樂說辯才 轉不退轉法輪 供養無量百千諸佛 於諸佛所 植衆德本 常爲諸佛之所稱歎

상 부처님들의 칭찬을 받았으며, 자비로써 몸을 닦아 부처님의 지혜에 잘 들었으며, 큰 지혜를 통달하여 열반의 언덕에 이르렀으며, 그 이름이 한량없는 세계에 널리 퍼져 수없는 백천의 중생들을 제도하는 이들이었다.

 그들의 이름은 문수사리보살, 관세음보살, 득대세보살, 상정진보살, 불휴식보살, 보장보살, 약왕보살, 용시보살, 보월보살, 월

以慈修身 善入佛慧 通達大智 到於彼岸 名稱 普聞無量世界 能度無數百千衆生 其名曰 文殊師利菩薩 觀世音菩薩 得大勢菩薩 常精進菩薩 不休息菩薩 寶掌菩薩 藥王菩薩 勇施菩薩 寶月菩薩

광보살, 만월보살, 대력보살, 무량력보살, 월삼계보살, 발타바라보살, 미륵보살, 보적보살, 도사보살 등 이와 같은 보살마하살 팔만인이 함께 있었다.

또 석제환인은 그의 권속 이만 천자와 함께 있었으며 월천자와 보향천자와 보광천자와 사대천왕이 그들의 권속 일만 천자와 함께 있었으며, 자재천자와 대자재천자가 그들의 권속 삼만 천자와 함

月光菩薩 滿月菩薩 大力菩薩 無量力菩薩 越三界菩薩 跋陀婆羅菩薩 彌勒菩薩 寶積菩薩 導師菩薩 如是等 菩薩摩訶薩八萬人 俱 爾時 釋提桓因 與其眷屬 二萬天子 俱 復有名月天子 普香天子 寶光天子 四大天王 與其眷屬萬天子 俱 自在天子 大自在天子 與其眷屬 三萬天子

께 있었으며, 사바세계의 주인이
며 범천왕인 시기대범과 광명대
범 등이 그들의 권속 일만이천 천
자와 함께 있었다.

또 여덟 용왕이 있었으니 난타
용왕, 발난타용왕, 사가라용왕,
화수길용왕, 덕차가용왕, 아나바
달다용왕, 마나사용왕, 우발라용
왕이 각각 백천의 권속들과 함께
있었다.

네 긴나라왕이 있었으니 법긴

俱 娑婆世界主 梵天王 尸棄大梵 光明大梵等 與其眷屬
萬二千天子 俱 有八龍王 難陀龍王 跋難陀龍王 娑伽羅
龍王 和脩吉龍王 德叉迦龍王 阿那婆達多龍王 摩那斯
龍王 優鉢羅龍王等 各與若干 百千眷屬 俱 有四緊那羅
王

나라왕, 묘법긴나라왕, 대법긴나라왕, 지법긴나라왕도 각각 백천 정도의 권속들과 함께 있었다.

네 건달바왕이 있었으니 악건달바왕, 악음건달바왕, 미건달바왕, 미음건달바왕이 각각 백천의 권속들과 함께 있었다.

네 아수라왕이 있었으니 바치아수라왕, 거라건타아수라왕, 비마질다라아수라왕, 라후아수라왕이 각각 백천의 권속들과 함께

法緊那羅王 妙法緊那羅王大 法緊那羅王 持法緊那羅王 各與若干百千眷屬 俱 有四乾闥婆王 樂乾闥婆王 樂音乾闥婆王 美乾闥婆王 美音乾闥婆王 各與若干百千眷屬 俱 有四阿修羅王 婆稚阿修羅王 佉羅騫駄阿修羅王 毘摩質多羅阿修羅王 羅睺阿修羅王 各與若干百千

있었다.

네 가루라왕이 또 있었으니 대위덕가루라왕, 대신가루라왕, 대만가루라왕, 여의가루라왕이 각각 백천의 권속들과 함께 있었으며, 위제희의 아들 아사세왕도 백천의 권속들과 함께 있었는데, 모두들 부처님의 발아래 예배드리고 한쪽으로 물러나 앉아 있었다.

그때 세존께서는 둘러앉은 사부대중으로부터 공양과 공경과

眷屬 俱 有四迦樓羅王 大威德迦樓羅王 大身迦樓羅王 大滿迦樓羅王 如意迦樓羅王 各與若干百千眷屬 俱 韋提希子 阿闍世王 與若干百千眷屬 俱 各禮佛足 退坐一面 爾時 世尊 四衆 圍繞 供養恭敬

존중과 찬탄을 받으시며 여러 보살들을 위하여 대승경을 설하시니, 그 이름이 무량의경이었다. 이는 보살을 가르치는 법이며, 부처님께서 항상 보호하시고 마음에 두어 잊지 않으시는 경이었다. 부처님께서 이 경을 설하시고, 결가부좌로 무량의처삼매에 드시니 몸과 마음이 전혀 흔들리지 않으셨다.

　이때 하늘에서는 만다라꽃과

尊重讚歎 爲諸菩薩 說大乘經 名無量義 敎菩薩法 佛所護念 佛說此經已 結跏趺坐 入於無量義處三昧 身心不動 是時 天雨曼陀羅華

마하만다라꽃과 만수사꽃과 마하만수사꽃이 비 오듯이 부처님 위와 여러 대중들에게 내렸으며, 넓은 부처님의 세계는 여섯 가지로 진동하였다.

그러자 그때 모인 대중 가운데 있던 비구, 비구니, 우바새, 우바이와 천, 용, 야차, 건달바, 아수라, 가루라, 긴나라, 마후라가 등 사람과 사람 아닌 이들과 여러 작은 왕들과 전륜성왕 등의 대중들

摩訶曼陀羅華 曼殊沙華 摩訶曼殊沙華 而散佛上 及諸大衆 普佛世界 六種震動 爾時會中 比丘比丘尼 優婆塞優婆夷 天龍夜叉 乾闥婆 阿修羅 迦樓羅 緊那羅 摩睺羅伽人非人 及諸小王 轉輪聖王

이 일찍이 없었던 일을 보고 기뻐하며 합장하고 일심으로 부처님을 우러러보았다.

 그때 부처님께서 미간의 백호상에서 광명을 놓아 동방으로 일만 팔천 세계를 비추시니 그 빛이 두루 미치지 않은 데가 없었으니, 아래로는 아비지옥에서 위로는 아가니타천에까지 이르니, 이 세계에서 저 국토의 여섯 갈래 중생들을 다 볼 수 있었고, 또 저 국토

是諸大衆 得未曾有 歡喜合掌 一心觀佛 爾時 佛 放眉間白毫相光 照東方萬八千世界 靡不周遍 下至阿鼻地獄 上至阿迦膩吒天 於此世界 盡見彼土 六趣衆生 又見彼土

에 계신 부처님들을 볼 수 있었을 뿐만 아니라 그 부처님들이 설하시는 경의 가르침을 들을 수 있었다. 아울러 비구, 비구니, 우바새, 우바이들이 온갖 행을 닦아 득도하는 것을 볼 수 있었으며, 또 보살마하살들이 가지가지 인연과 가지가지 신해와 가지가지 모습으로 보살도를 행하는 것을 볼 수 있었다.

또 부처님들의 완전한 열반을

現在諸佛 及聞諸佛 所說經法 幷見 彼諸比丘比丘尼 優婆塞優婆夷 諸修行 得道者 復見諸菩薩摩訶薩 種種因緣 種種信解 種種相貌 行菩薩道 復見諸佛 般涅槃者

볼 수 있었고, 모든 부처님들께서 열반하신 후에 부처님의 사리를 모시기 위해 칠보탑을 세우는 것을 볼 수 있었다. 그때 미륵보살은 이렇게 생각하였다.

'세존께서 신비로운 변화를 나타내시는데 무슨 인연으로 이런 상서가 있는 것일까? 지금 부처님께서 삼매에 드셨으니, 이 불가사의하고 드문 일에 대해 마땅히 누구에게 물어야 하며, 누가 대답

復見諸佛 般涅槃後 以佛舍利 起七寶塔 爾時 彌勒菩薩 作是念 今者世尊 現神變相 以何因緣 而有此瑞 今佛世尊 入于三昧 是不可思議 現希有事 當以問誰 誰能答者

할 수 있을까?'

그리고 다시 이렇게 생각하였다.

'이 문수사리 법왕자가 과거의 한량없는 부처님들을 공양하고 가까이 모셨으므로 반드시 이렇게 희유한 모습을 보았을 것이니 물어보아야겠다.'

이때 또 비구, 비구니, 우바새, 우바이와 천인, 용, 귀신들도 이렇게 생각하였다.

'부처님의 광명과 신통한 모습

復作此念 是文殊師利法王之子 已曾親近供養 過去無量諸佛 必應見此希有之相 我今當問 爾時 比丘比丘尼 優婆塞優婆夷 及諸天龍 鬼神等 咸作此念 是佛光明神通之相

을 누구에게 물어보아야 할까?'

그때 미륵보살이 자신의 궁금증도 풀고 또 사부대중인 비구, 비구니, 우바새, 우바이와 천인, 용, 귀신 등 그곳에 모인 대중들의 마음을 살펴 알고서 문수사리보살에게 이렇게 물었다.

"부처님께서는 어떤 인연으로 이런 상서와 신통한 모습이 있으며, 큰 광명을 놓으시어 동방으로 일만 팔천 국토를 비추시어 저 부

今當問誰 爾時 彌勒菩薩 欲自決疑 又觀四衆 比丘比丘尼 優婆塞優婆夷 及諸天龍鬼神等 衆會之心 而問文殊師利言 以何因緣 而有此瑞 神通之相 放大光明 照于東方 萬八千土 悉見彼佛

처님 세계의 아름다움을 다 볼 수 있게 합니까?"

그리고는 미륵보살은 이 뜻을 거듭 밝히려고 게송으로 물었다.

문수사리여!

부처님께서는 무슨 까닭으로 미간의 백호상에서 큰 광명을 내어 널리 비추시며, 만다라꽃과 만수사꽃이 비 오듯 내려오고, 전단향의 향기가 바람에 실려 모든 이

國界莊嚴 於是 彌勒菩薩 欲重宣此義 以偈問曰
文殊師利　導師何故　眉間白毫　大光普照
雨曼陀羅　曼殊沙華　栴檀香風

의 마음을 기쁘게 하십니까?

　이런 인연으로 땅은 모두 아름답고 깨끗하며 이 세계가 육종진동을 하니 사부대중이 모두다 기뻐하며 한 번도 보지 못한 일이라 몸과 마음이 매우 즐겁습니다.

　미간의 밝은 빛이 동방으로 일만 팔천 국토를 비추니 모두다 금빛 같으며, 아비지옥으로부터 유정에까지 모든 세계의 육도 중생이 나고 죽어 가는 곳과 착하고 악

悅可衆心　以是因緣　地皆嚴淨　而此世界
六種震動　時四部衆　咸皆歡喜　身意快然
得未曾有　眉間光明　照于東方　萬八千土
皆如金色　從阿鼻獄　上至有頂　諸世界中
六道衆生

한 업의 인연으로 좋거나 나쁘게 받는 과보를 여기에서 다 볼 수 있습니다.

또 보니, 성인 중의 성인이시며 스승이신 부처님들께서 경전을 설하심에 미묘하기가 제일입니다. 그 음성은 맑고 깨끗하며 부드러운 소리로 한량없는 억 만의 보살들을 가르치시는데, 교법을 설하시는 소리는 깊고도 묘하여 사람들로 하여금 즐겨 듣게 하십니

生死所趣　善惡業緣　受報好醜　於此悉見
又觀諸佛　聖主師子　演說經典　微妙第一
其聲淸淨　出柔軟音　敎諸菩薩　無數億萬
梵音深妙　令人樂聞

다. 각각의 세계에서 정법을 설하시는데, 가지가지 인연과 한량없는 비유로써 부처님의 법을 밝게 밝히시어 중생을 깨우치십니다.

　어떤 사람이 괴로움을 만나 늙고 병들고 죽는 것을 싫어하면 열반을 설하시어 모든 괴로움을 없애 주시고 복 있는 이가 부처님께 공양하며 거룩한 법을 구하면 연각을 설하시고 어떤 불자가 가지가지 행을 닦아 위없는 지혜

各於世界　講說正法　種種因緣　以無量喻
照明佛法　開悟衆生　若人遭苦　厭老病死
爲說涅槃　盡諸苦際　若人有福　曾供養佛
志求勝法　爲說緣覺　若有佛子　修種種行

를 구하면 청정한 도를 설하여 주십니다.

문수사리여! 제가 이곳에 머물면서 보고 들은 것이 천억 가지에 이르지만 이와 같은 많은 것들을 이제 대강 말하겠습니다.

제가 보니 저 국토의 항하의 모래 수같이 많은 보살들이 갖가지 인연으로 부처님의 도를 구하는데, 어떤 이는 금과 은과 산호와 진주와 마니와 자거와 마노와 금

求無上慧	爲說淨道	文殊師利	我住於此
見聞若斯	及千億事	如是衆多	今當略說
我見彼土	恒沙菩薩	種種因緣	而求佛道
或有行施	金銀珊瑚	眞珠摩尼	硨磲瑪瑙

강의 여러 보배와 노비와 수레며, 보배로 꾸민 연여를 기쁘고 즐겁게 보시한 후 불도에 회향하고 삼계에서 제일이며 모든 부처님께서 칭찬하시는 이러한 승 얻기를 원하였습니다.

혹 어떤 보살은 네 마리 말이 끄는 보배 수레를 난간과 꽃 덮개로 대부의 수레같이 꾸며서 보시하고, 어떤 보살은 몸뚱이와 살과 손발 뿐만 아니라 처와 자식까지 보

金剛諸珍	奴婢車乘	寶飾輦輿	歡喜布施
廻向佛道	願得是乘	三界第一	諸佛所歎
或有菩薩	駟馬寶車	欄楯華蓋	軒飾布施
復見菩薩	身肉手足	及妻子施	求無上道

시하며 위없는 도를 구하며, 어떤 보살은 머리와 눈과 몸뚱이를 기쁜 마음으로 보시하고 부처님의 지혜를 구합니다.

문수사리여! 내가 보니 여러 왕들도 부처님께 나아가서 위없는 도를 묻고서는 곧바로 즐기던 국토와 궁전과 신하와 첩을 다 버리고 머리와 수염을 깎고 법복을 입으며, 또 어떤 보살은 비구가 되어 홀로 고요한 곳에서 경전 읽기를

又見菩薩　頭目身體　欣樂施與　求佛智慧
文殊師利　我見諸王　往詣佛所　問無上道
便捨樂土　宮殿臣妾　剃除鬚髮　而被法服
或見菩薩　而作比丘　獨處閒靜　樂誦經典

즐기며, 또 어떤 보살은 용맹 정진
하며 깊은 산 속으로 들어가 불도
를 생각하며, 또 어떤 보살은 욕심
을 떠나 항상 고요한 곳에 머물면
서 선정을 깊이 닦아 오신통을 얻
으며, 또 어떤 보살은 편안히 선정
에 들어 합장하고 천만 게송으로
모든 부처님을 찬탄하며, 또 어떤
보살은 지혜가 깊고 뜻이 견고하
여 여러 부처님께 법을 물어 듣는
대로 모두 다 받아 지니며, 또 어떤

又見菩薩　勇猛精進　入於深山　思惟佛道
又見離欲　常處空閑　深修禪定　得五神通
又見菩薩　安禪合掌　以千萬偈　讚諸法王
復見菩薩　智深志固　能問諸佛　聞悉受持

불자는 선정과 지혜를 다 갖추어 한량없는 비유로써 중생을 위하여 경전의 뜻을 풀어서 밝히고, 기쁜 마음으로 법을 설하여 보살들을 교화하며 마구니들을 파하려고 법고를 두드립니다.

또 어떤 보살은 고요하고 조용한 것을 즐기며 고요히 선정에 들어 천인과 용이 공경해도 기뻐하지 않으며, 또 어떤 보살은 숲 속에서 광명을 놓아 중생들을 지옥

又見佛子	定慧具足	以無量喩	爲衆講法
欣樂說法	化諸菩薩	破魔兵衆	而擊法鼓
又見菩薩	寂然宴默	天龍恭敬	不以爲喜
又見菩薩	處林放光	濟地獄苦	令入佛道

의 고통에서 건져내어 불도에 들게 하며, 또 어떤 불자는 잠도 자지 않고 숲 속을 거닐면서 부지런히 불도를 구하며, 또 어떤 보살은 계행을 다 갖추고 위의가 흠이 없어 마치 보배 구슬처럼 맑게 불도를 구하며, 또 어떤 불자는 인욕의 힘에 머물러 뛰어난 체하는 이가 심하게 욕하고 치고 때려도 모두 다 참으며 불도를 구하고, 어떤 보살은 온갖 희롱과 웃음과 어리석

又見佛子	未嘗睡眠	經行林中	勤求佛道
又見具戒	威儀無缺	淨如寶珠	以求佛道
又見佛子	住忍辱力	增上慢人	惡罵捶打
皆悉能忍	以求佛道	又見菩薩	離諸戲笑

은 것들을 다 여의고 지혜로운 이
를 가까이하며 따르고, 일심으로
산란함을 없애고 마음을 거두어
산림 속에 둔 채 억천만 년 불도를
구하며, 어떤 보살은 좋은 반찬과
음식들과 백 가지 탕약을 부처님
과 스님들에게 보시하며, 천만 냥
값어치의 옷과 값을 매길 수도 없
는 훌륭한 옷을 부처님과 스님들
에게 보시하며, 천만억 가지 전단
과 보배로 지은 집과 온갖 기묘한

及癡眷屬	親近智者	一心除亂	攝念山林
億千萬歲	以求佛道	或見菩薩	餚饍飮食
百種湯藥	施佛及僧	名衣上服	價値千萬
或無價衣	施佛及僧	千萬億種	栴檀寶舍

와구를 부처님과 스님들에게 보
시하며, 맑고 깨끗하며 꽃과 열매
가 무성한 숲과 흐르는 샘과 맑은
연못을 부처님과 스님들에게 보
시하는 등 이와 같은 갖가지 미묘
한 보시를 싫어함이 없이 매우 기
쁘게 하면서 위없는 도를 구합니
다. 혹 어떤 보살은 적멸의 법을
설하여 갖가지 가르침으로 수없
는 중생을 교화하며, 또 어떤 보살
은 모든 법의 성품은 두 모양이 없

衆妙臥具	施佛及僧	清淨園林	華菓茂盛
流泉浴池	施佛及僧	如是等施	種種微妙
歡喜無厭	求無上道	或有菩薩	說寂滅法
種種敎詔	無數衆生	或見菩薩	觀諸法性

어서 마치 허공과 같음을 관 하며, 또 어떤 불자는 마음에 집착이 없어 미묘한 지혜로 위없는 도 구하는 것을 보았습니다.

문수사리여!

또 어떤 보살은 부처님 열반하신 후에 사리에 공양을 하며, 또 어떤 불자들은 항하의 모래 수같이 무수한 탑묘를 만들어 국토를 아름답게 꾸미니, 높고 묘한 보배탑의 높이가 오천 유순이며, 가로

無有二相	猶如虛空	又見佛子	心無所著
以此妙慧	求無上道	文殊師利	又有菩薩
佛滅度後	供養舍利	又見佛子	造諸塔廟
無數恒沙	嚴飾國界	寶塔高妙	五千由旬

세로는 똑같이 이천 유순인데 하나 하나의 탑마다 천 개의 깃발이 꽂혀 휘날리고, 진주로 된 교로만이 쳐졌으며 보배 방울이 부드럽게 울리니, 모든 천(天)과 용신 등 사람인듯 아닌 듯한 이들이 향과 꽃과 음악으로 항상 공양하는 것을 보았습니다.

문수사리여! 모든 불자들이 사리에 공양을 하기 위하여 탑을 아름답게 꾸미니, 국토가 저절로 매

縱廣正等	二千由旬	一一塔廟	各千幢幡
珠交露幔	寶鈴和鳴	諸天龍神	人及非人
香華伎樂	常以供養	文殊師利	諸佛子等
爲供舍利	嚴飾塔廟	國界自然	殊特妙好

우 아름답고 미묘하여 마치 천상의 나무에 그 꽃을 활짝 피운 듯합니다.

　부처님이 한 줄기 광명을 놓으시니 저희 모두가 이 나라의 가지가지 훌륭한 모습을 보게 되므로 부처님들의 신통력과 지혜는 희유하여 한 줄기 맑은 빛을 놓으시어 한량없는 세계를 비추시니 저희들이 이를 보고 참으로 일찍이 느끼지 못한 기쁨과 놀라움을 얻

如天樹王	其華開敷	佛放一光	我及衆會
見此國界	種種殊妙	諸佛神力	智慧希有
放一淨光	照無量國	我等見此	得未曾有

게 되었습니다.

　불자이신 문수보살이여! 원하옵건대 저희들의 의심을 풀어주십시오. 사부대중이 기쁜 마음으로 인자와 저를 우러러보고 있습니다. 세존께서 어인 연고로 이 광명을 놓으셨습니까? 불자께서 바로 대답하시어 의문을 풀어주시고 기쁘게 하여 주십시오. 장차 무슨 이익을 주시려고 이 광명을 놓으셨습니까? 도량에서 얻으신 미

佛子文殊	願決衆疑	四衆欣仰	瞻仁及我
世尊何故	放斯光明	佛子時答	決疑令喜
何所饒益	演斯光明	佛坐道場	所得妙法

묘한 법을 설하시려는 것입니까? 수기를 주시려는 것입니까? 불국토들이 온갖 보배로 깨끗이 꾸며진 것을 보이시는 것과 부처님들을 뵈옵는 것, 이것은 작은 인연이 아닙니다. 문수는 마땅히 아십시오. 사부대중과 용과 신이 당신을 우러러보고 있습니다. 무엇을 설하시려는 것입니까?

그러자 문수사리보살은 미륵보

爲欲說此　爲當授記　示諸佛土　衆寶嚴淨
及見諸佛　此非小緣　文殊當知　四衆龍神
瞻察仁者　爲說何等

爾時 文殊師利語 彌勒菩薩摩訶薩

살마하살과 여러 대중들에게 말하였다.

"선남자들이여, 나의 생각으로는 아마 불세존께서 큰 법을 설하시며, 큰 법의 비를 내리시며, 큰 법의 소라를 부시며, 큰 법의 북을 치시며, 큰 법의 뜻을 설하시려는 것 같습니다. 선남자들이여, 내가 과거 여러 부처님 계신 곳에서 이런 상서를 보았는데 이런 광명을 놓으시고는 바로 큰 법을 설하셨

及諸大士 善男子等 如我惟忖 今佛世尊 欲說大法 雨大法雨 吹大法螺 擊大法鼓 演大法義 諸善男子 我於過去諸佛 曾見此瑞 放斯光已 卽說大法

습니다.

그러므로 마땅히 아십시오. 지금 불세존께서 광명을 놓으시는 것도 역시 그러하여 중생들로 하여금 모두다 일체 세간들이 믿기 어려운 법을 듣고 알게 하기 위하여 이런 상서를 나타내신 것일 것입니다.

선남자들이여! 과거 한량없고 가없으며 불가사의한 아승지겁인 그때에 부처님께서 계셨는데, 명

是故 當知 今佛現光 亦復如是 欲令衆生 咸得聞知 一切世間難信之法 故現斯瑞 諸善男子 如過去無量無邊 不可思議 阿僧祇劫 爾時 有佛

호가 일월등명여래·응공·정변지·명행족·선서·세간해·무상사·조어장부·천인사·불세존이었습니다. 그 세존께서 정법을 설하셨는데 처음과 중간과 마지막이 모두 훌륭하였습니다. 그 뜻은 매우 깊고 멀었으며, 그 말씀은 훌륭하고 묘하였으며, 순수하고 잡됨이 섞이지 않았으며 맑고 깨끗한 범행의 모습을 다 갖추었습니다.

號 日月燈明如來 應供 正遍知 明行足 善逝 世間解 無上士 調御丈夫 天人師 佛世尊 演說正法 初善中善後善 其義深遠 其語巧妙 純一無雜 具足淸白梵行之相

성문을 구하는 이에게는 사제법을 설하시어 나고 늙고 병들고 죽는 것을 벗어나 마침내는 열반에 이르게 하셨으며, 벽지불을 구하는 이에게는 십이인연법을 설하시었으며, 보살들에게는 육바라밀을 설하시어 아뇩다라삼먁삼보리를 얻어 일체종지를 이루게 하셨습니다.

다음에 또 부처님께서 계셨는데 역시 명호가 일월등명이었으

爲求聲聞者 說應四諦法 度生老病死 究竟涅槃 爲求辟支佛者 說應十二因緣法 爲諸菩薩 說應六波羅蜜 令得阿耨多羅三藐三菩提 成一切種智 次復有佛 亦名日月燈明

며, 그 다음의 부처님도 역시 명호가 일월등명이었습니다. 이와 같이 이만의 부처님이 계셨는데 다 같이 이름이 일월등명이었으며, 성도 다 같이 파라타였습니다. 미륵보살은 마땅히 아십시오. 처음 부처님이나 나중 부처님 모두 다 같이 명호가 일월등명이고 십호를 다 갖추셨으며 설하신 법도 처음과 중간과 마지막이 모두 훌륭하였습니다.

次復有佛 亦名日月燈明 如是二萬佛 皆同一字 號 日月燈明 又同一姓 姓 頗羅墮 彌勒 當知 初佛後佛 皆同一字 名 日月燈明 十號具足 所可說法 初中後善

그 최후의 부처님께서 출가하시기 전에 여덟 왕자가 있었는데 첫째의 이름이 유의이고, 둘째는 선의이며, 셋째는 무량의이고, 넷째는 보의이며, 다섯째는 증의이고, 여섯째는 제의의이며, 일곱째는 향의이고, 여덟째는 법의이었습니다.

이 여덟 왕자는 위엄과 덕망을 스스로 갖추어 각각 사 천하를 다스렸는데 아버지께서 출가하시어

其最後佛 未出家時 有八王子 一名 有意 二名 善意 三名 無量意 四名 寶意 五名 增意 六名 除疑意 七名 響意 八名 法意 是八王子 威德 自在 各領四天下 是諸王子 聞父出家

아뇩다라삼먁삼보리를 얻으셨다는 말을 듣고 모두다 왕위를 버리고 따라서 출가하여 대승의 뜻을 일으키고, 항상 범행을 닦아 모두 법사가 되었으며, 천만 부처님의 처소에서 온갖 선행의 근본을 심었습니다.

이때에 일월등명불께서 대승경을 설하시니, 그 이름이 무량의경이며 보살을 가르치는 법이고, 부처님께서 호념하시는 바이었습니

得阿耨多羅三藐三菩提 悉捨王位 亦隨出家 發 大乘意 常修梵行 皆爲法師 已於千萬佛所 植諸善本 是時 日月燈明佛 說大乘經 名無量義 敎菩薩法 佛所護念

다. 이 경을 설하시고서 곧 대중 가운데서 결가부좌하시고 무량의 처삼매에 드시니 몸과 마음이 흔들리지 않으셨습니다.

이때 하늘에서 만다라꽃과 마하만다라꽃, 만수사꽃, 마하만수사꽃이 비 오듯이 부처님 위와 대중들에게 내렸으며 넓은 부처님의 세계가 여섯 가지로 진동을 하였습니다.

그러자 법회에 모여 있던 비구,

說是經已 卽於大衆中 結跏趺坐 入於無量義處三昧 身心不動 是時 天雨曼陀羅華 摩訶曼陀羅華 曼殊沙華 摩訶曼殊沙華 而散佛上 及諸大衆 普佛世界 六種震動 爾時會中 比丘比丘尼

비구니, 우바새, 우바이, 천, 용, 야차, 건달바, 아수라, 가루라, 긴나라, 마후라가 등 사람과 사람 아닌 이들과 여러 작은 왕과 전륜성왕 등 여러 대중들이 미증유를 얻어 기뻐하며 합장하고 일심으로 부처님을 우러러보았습니다.

그때 여래께서 미간의 백호상으로 광명을 놓아 동방의 일만 팔천 불국토를 비추시니 두루 미치지 않은 데가 없었는데 지금 보는

優婆塞優婆夷 天龍夜叉 乾闥婆 阿修羅 迦樓羅 緊那羅 摩睺羅伽 人非人 及諸小王 轉輪聖王等 是諸大衆 得未曾有 歡喜合掌 一心觀佛 爾時 如來放 眉間白毫相光 照東方萬八千佛土 靡不周遍

이 불국토들과 같았습니다.

　미륵보살은 아십시오. 그때 모인 이들 중에 법 듣기를 좋아하는 이십억 보살들이 있었습니다. 이 보살들도 지금과 같은 광명이 불국토에 두루 비추는 것을 보고 매우 뜻밖이라 생각하며 그 광명의 인연을 알고 싶어하였습니다.

　그때 묘광이라는 보살이 팔백 제자를 데리고 있었는데, 일월등명불께서 삼매에서 일어나시자

如今所見是諸佛土 彌勒 當知 爾時會中 有二十億菩薩 樂欲聽法 是諸菩薩 見此光明 普照佛土 得未曾有 欲知此光 所爲因緣 時有菩薩 名曰妙光 有八百弟子 是時日月燈明佛 從三昧起

묘광보살을 인연하여 대승경을 설하셨으니 이름이 묘법연화경이었습니다. 이 경은 보살을 가르치는 법이며 부처님께서 호념하시는 것이었습니다.

육십소겁 동안 자리에서 일어나지 않고 앉아 계셨는데, 그때 모인 청중들도 역시 한곳에 앉아 육십소겁 동안 몸과 마음을 움직이지 않고 부처님께서 설하시는 것을 들었는데, 그 시간을 이를테면

因妙光菩薩 說大乘經 名妙法蓮華 敎菩薩法 佛所護念 六十小劫 不起于座 時會聽者 亦坐一處 六十小劫 身心不動 聽佛所說

밥 한 끼 먹는 동안과 같이 생각하였으며, 한 사람도 몸과 마음에 지루함과 싫증을 내는 이가 없었습니다.

일월등명불께서 육십소겁 동안 이 경을 설하신 후 바로 범천과 귀신과 사문과 바라문과 하늘과 사람과 아수라들 가운데서 '나는 오늘 밤중에 무여열반에 들리라.' 하였습니다.

그때 덕장이라는 보살이 있었

謂如食頃 是時衆中 無有一人 若身若心 而生懈倦 日月燈明佛 於六十小劫 說是經已 卽於梵 魔沙門婆羅門 及天人阿修羅衆中 而宣此言 如來於今日中夜 當入無餘涅槃 時有菩薩 名曰德藏

는데 일월등명불께서 그에게 수
기를 주시면서 비구들에게 말씀
하셨습니다.
 '이 덕장보살이 다음에 마땅히
부처를 이루리니 호는 정신 다타
아가도 아라하 삼먁삼불타라 하
리라.'
 부처님께서 수기를 주어 마치
시고 그날 밤중에 무여열반에 드
셨습니다.
 부처님께서 열반에 드신 후 묘

日月燈明佛 卽授其記 告諸比丘 是德藏菩薩 次當作佛 號曰 淨身 多陀阿伽度 阿羅訶三藐三佛陀 佛 授記已 便於中夜 入無餘涅槃

광보살이 묘법연화경을 지니고 팔십소겁이 다하도록 사람들을 위해 연설하였는데, 일월등명불의 여덟 왕자도 모두 묘광보살을 스승으로 삼았고 묘광보살도 이들을 교화하여 이들의 아뇩다라삼먁삼보리를 굳세고 단단하게 하였습니다. 그리하여 그 왕자들이 한량없는 백천만억 부처님을 공양하고 모두 불도를 이루었는데, 그들 중 마지막으로 성불한 이

佛滅度後 妙光菩薩 持妙法蓮華經 滿八十小劫 爲人演說 日月燈明佛八子 皆師妙光 妙光 敎化 令其堅固阿耨多羅三藐三菩提 是諸王子 供養無量百千萬億佛已 皆成佛道 其最後成佛者

의 이름이 연등입니다.

　　묘광보살의 팔백 제자 중에 구명이라는 이가 있었는데, 욕심과 이익 불리기에 집착하였기에 비록 여러 경전을 읽고 외었지만 도리를 깨닫지 못하고 잊어버리는 것이 많았으므로 그 이름을 구명이라 하였으나, 이 사람도 역시 온갖 선근을 심은 인연으로 한량없는 백천만억 부처님들을 만나 뵙고 공양하고 공경하며 존중하

名曰燃燈 八百弟子中 有一人 號曰求名 貪著利養 雖復讀誦衆經 而不通利 多所忘失 故號求名 是人 亦以種諸善根因緣故 得值無量 百千萬億諸佛 供養恭敬 尊重讚歎

고 찬탄하였습니다.

　미륵보살은 아십시오. 그때의 묘광보살이 어찌 다른 사람이겠습니까? 내가 바로 그였으며 구명보살이 바로 당신이었습니다. 지금 이 상서를 보니 그때와 다르지 않으므로 가만히 생각해보니 오늘 여래께서는 대승경을 설하실 것입니다. 이름은 묘법연화이며, 보살을 가르치는 법이며 부처님께서 호념하시는 바입니다."

彌勒 當知 爾時妙光菩薩 豈異人乎 我身 是也 求名菩薩 汝身 是也 今見此瑞 與本無異 是故 惟忖 今日如來 當說大乘經 名妙法蓮華 敎菩薩法 佛所護念

그때에 문수사리보살이 대중 가운데서 이 뜻을 거듭 펴려고 게송으로 말하였다.

생각하니 한량없고 셀 수 없는 과거 세상에 사람 가운데 존귀하신 부처님 계셨으니 호는 일월등명불이었습니다. 세존께서는 법을 설하시어 한량없는 중생들과 수없는 보살들을 제도하여 부처님 지혜에 들게 하셨습니다. 그 부

爾時 文殊師利 於大衆中 欲重宣此義 而說偈言
我念過去世　無量無數劫　有佛人中尊
號日月燈明　世尊演說法　度無量衆生

처님께서 출가하시기 전에 여덟 왕자를 두었는데 부처님의 출가를 보고 따라서 출가하여 범행을 닦았습니다. 그때 부처님께서 경의 이름이 무량의인 대승경을 설하셨는데 대중들 가운데서 자세히 설하셨습니다. 부처님께서 이 경을 설하시고 바로 법좌에서 가부좌를 하신 채 삼매에 드시니 이름하여 무량의처삼매입니다.

하늘에서는 만다라꽃이 비 오

無數億菩薩　令入佛智慧　佛未出家時
所生八王子　見大聖出家　亦隨修梵行
時佛說大乘　經名無量義　於諸大衆中
而爲廣分別　佛說此經已　卽於法座上
跏趺坐三昧　名無量義處　天雨曼陀華

듯이 내리고 하늘 북이 저절로 울리며 천인과 용과 귀신들이 부처님을 공양하였습니다.

  그때 일체의 모든 불국토가 크게 진동을 하니, 부처님께서 미간에서 광명을 놓아 희유한 일들을 나타내 보이셨습니다. 이 광명이 동방으로 일만 팔천 불국토를 비추어 일체의 중생이 지은 업으로 나고 죽는 곳을 보이셨으며, 또 부처님들의 세계가 온갖 보배로 아

天鼓自然鳴　　諸天龍鬼神　　供養人中尊
一切諸佛土　　卽時大震動　　佛放眉間光
現諸希有事　　此光照東方　　萬八千佛土
示一切眾生　　生死業報處　　有見諸佛土

름답게 꾸며져 유리와 수정빛깔로 보였는데 부처님의 광명이 비친 까닭이었습니다. 또 천인, 사람, 용, 귀신, 야차들과 건달바, 긴나라들이 각각 부처님께 공양하는 것을 볼 수 있었습니다. 또 여래들이 자연스레 불도를 이루시니 몸은 황금으로 된 산 같았으며, 단정하고 매우 미묘하여 깨끗한 유리 속에서 진금의 상을 내보이시는 듯하였습니다. 세존께서

以衆寶莊嚴　瑠璃頗梨色　斯由佛光照
及見諸天人　龍神夜叉衆　乾闥緊那羅
各供養其佛　又見諸如來　自然成佛道
身色如金山　端嚴甚微妙　如淨瑠璃中
內現眞金像

대중 가운데서 깊은 법의 뜻을 설하시니, 하나하나의 부처님 나라마다 성문대중이 한량없었으며, 부처님께서 비추시는 광명으로 그 대중들을 모두다 볼 수 있었습니다. 혹 어떤 비구들은 산과 숲 속에서 정진하며 청정한 계율을 마치 밝은 구슬을 지키는 것같이 하였으며, 또 보시와 인욕 등을 행하는 보살들의 수가 항하의 모래 수만큼 많았는데 이것도 부처님

世尊在大衆　敷演深法義　一一諸佛土
聲聞衆無數　因佛光所照　悉見彼大衆
或有諸比丘　在於山林中　精進持淨戒
猶如護明珠　又見諸菩薩　行施忍辱等
其數如恒沙　斯由佛光照　又見諸菩薩

의 광명으로 볼 수 있었습니다. 보살들이 모든 선정에 깊이 들어 몸과 마음을 고요히 하고 움직이지 않으며 위없는 도를 구하는 것을 볼 수 있었으며, 또 보살들이 법의 적멸상을 알고 각자의 나라에서 법을 설하며 불도 구하는 것을 볼 수 있었습니다. 그때 사부대중은 일월등명불께서 큰 신통력을 나타내 보이시는 것을 보고 모두다 기뻐하였을 뿐만 아니라 서로 쳐

深入諸禪定　身心寂不動　以求無上道
又見諸菩薩　知法寂滅相　各於其國土
說法求佛道　爾時四部衆　見日月燈佛
現大神通力　其心皆歡喜

다보며 '무슨 인연으로 이런 일이 있는가?' 하였는데 부처님께서 마침 삼매에서 일어나시어 묘광보살을 칭찬하시기를 "너는 세간의 눈이 되리니 일체가 귀의하고 믿을 것이니라. 능히 법장을 받들어 지니고 내가 설법한 바와 같이 하여라. 오직 너만이 분명히 알 수 있느니라." 하셨습니다.

세존께서 칭찬하시어 묘광을 기쁘게 하신 후, 이 법화경을 육

各各自相問　是事何因緣　天人所奉尊
適從三昧起　讚妙光菩薩　汝爲世間眼
一切所歸信　能奉持法藏　如我所說法
唯汝能證知　世尊旣讚歎　令妙光歡喜

십소겁이 다하도록 자리에서 일어나지 않고 설하셨는데, 설하신 바 높고 미묘한 법을 이 묘광법사가 모두다 받아 지녔습니다. 부처님께서 이 법화경을 설하시어 대중들을 크게 기쁘게 하시고 바로 그날 천인과 사람과 대중들에게,

"모든 법의 최고의 진리를 너희들에게 이미 설하였다. 나는 오늘 밤중에 열반에 들리라. 너희들은

說是法華經　滿六十小劫　不起於此座
所說上妙法　是妙光法師　悉皆能受持
佛說是法華　令衆歡喜已　尋卽於是日
告於天人衆　諸法實相義　已爲汝等說
我今於中夜　當入於涅槃　汝一心精進

일심으로 정진하여 절대 게으르지 말라. 부처님들은 만나기가 매우 어려워 억 겁에나 한 번 만날 수 있느니라." 하셨습니다.

제자들은 부처님께서 열반에 드신다는 말씀을 듣고 제각기 슬퍼하며, '부처님의 열반이 어찌도 이리 빠른가!' 하였습니다.

그러자 부처님께서 한량없는 대중을 위로하기를 "내가 열반에 들더라도 너희들은 걱정하거나

當離於放逸　諸佛甚難値　億劫時一遇
世尊諸子等　聞佛入涅槃　各各懷悲惱
佛滅一何速　聖主法之王　安慰無量衆
我若滅度時　汝等勿憂怖

두려워하지 말아라. 이 덕장보살은 번뇌가 없는 참된 모습에 마음이 이미 통달하여 후에 부처님이 되는데, 이름은 정신이고 그 역시 한량없는 중생을 제도할 것이니라." 하셨습니다. 부처님께서 그 날 밤 열반하시니 마치 땔나무가 다하여 불이 꺼지듯 하였습니다.

사리들을 널리 나누어 헤아릴 수 없는 탑을 세웠고, 항하의 모래 수만큼 많은 비구와 비구니들이

是德藏菩薩　於無漏實相　心已得通達
其次當作佛　號曰爲淨身　亦度無量衆
佛此夜滅度　如薪盡火滅　分布諸舍利
而起無量塔　比丘比丘尼

더욱더 정진하여 위없는 도를 구하였으며, 이 묘광법사가 부처님의 법장을 받들어 지니고 팔십소겁 동안 널리 법화경을 펴니 이 여덟 왕자가 모두 묘광의 가르침과 교화로 위없는 도를 굳게 지녔으며, 수없는 부처님을 뵈옵고 부처님들을 공양하며 가르침을 따라 대도를 행하였습니다.

서로 이어 성불하고 차례로 수기하였는데, 맨 나중의 부처님 명

其數如恒沙　倍復加精進　以求無上道
是妙光法師　奉持佛法藏　八十小劫中
廣宣法華經　是諸八王子　妙光所開化
堅固無上道　當見無數佛　供養諸佛已
隨順行大道　相繼得成佛　轉次而授記

호가 연등불이며, 신선들의 도사가 되어 한량없는 중생을 제도하셨습니다.

　이 묘광법사에게 한 제자가 있었는데 마음이 항상 게으르고 명예와 이익에 욕심내고 집착하였으며, 명리 구하기를 싫어하지 않고 권세 있는 집을 들락날락 하느라 익히고 외우던 것을 잊어버려 깨닫지 못하였습니다. 이러한 인연으로 구명이라 하였으나, 그 사

最後天中天　號曰燃燈佛　諸仙之導師
度脫無量衆　是妙光法師　時有一弟子
心常懷懈怠　貪著於名利　求名利無厭
多遊族姓家　棄捨所習誦　廢忘不通利
以是因緣故　號之爲求名

람도 가지가지 선업을 닦아 헤아릴 수 없는 부처님들을 만나 뵙고 부처님들께 공양하며 가르침을 따라 대도를 행하고 육바라밀을 갖추어 지금 석사자를 뵈옵고 있습니다. 그도 후에 부처님이 될 것인데, 명호는 미륵이며 널리 중생들을 제도하는데 그 수가 한량없을 것입니다. 그 부처님 열반하신 뒤 게으름을 피운 사람이 바로 그대이고, 묘광법사는 지금 바로 나

亦行衆善業　得見無數佛　供養於諸佛
隨順行大道　具六波羅蜜　今見釋師子
其後當作佛　號名曰彌勒　廣度諸衆生
其數無有量　彼佛滅度後　懈怠者汝是
妙光法師者　今則我身是

입니다. 내가 본 등명불의 상서로움이 이와 같았습니다.

 이것으로 지금 부처님께서 법화경을 설하시려는 것으로 압니다. 지금의 모습이 옛날의 상서로운 모습과 같으니 이는 부처님들의 방편입니다. 지금 부처님께서 광명을 놓으시어 최고의 진리를 펴려고 하시니, 여러분들은 이제 그렇게 아시고 합장하고 일심으로 기다리십시오. 부처님께서 법

我見燈明佛　本光瑞如此　以是知今佛
欲說法華經　今相如本瑞　是諸佛方便
今佛放光明　助發實相義　諸人今當知
合掌一心待

의 비를 내리시어 도 구하는 이들을 만족하게 하실 것입니다. 삼승을 구하는 이들이 만약 의심나는 것이 있으면 부처님께서 마땅히 없애주시고 끊어주셔서 의심이 하나도 없게 하여 주실 것입니다.

제일 서품 끝

佛當雨法雨　充足求道者　諸求三乘人
若有疑悔者　佛當爲除斷　令盡無有餘

第一 序品 終

제이 방편품

 그때 세존께서 삼매에서 조용히 일어나시어 사리불에게 말씀하셨다.
 "여러 부처님들의 지혜는 매우 깊어 헤아릴 수 없느니라. 그 지혜의 문은 이해하기도 어렵거니와 또 들어가기도 어려워 일체 성문과 벽지불들은 알 수가 없느니라. 왜냐하면 부처는 일찍이 백천만

第二 方便品

爾時世尊 從三昧安詳而起 告舍利弗 諸佛智慧 甚深無量 其智慧門 難解難入 一切聲聞辟支佛 所不能知 所以者何 佛曾親近 百千萬億

억 헤아릴 수 없는 부처님들을 가까이 하고 존경하였으며, 부처님들의 헤아릴 수 없는 숱한 깨달음의 길을 모두 수행하고 용맹 정진하여 이름이 널리 알려졌으며, 매우 깊고 대단히 진귀한 법을 이루어 그때그때에 따라 적절히 설하시므로 그 뜻을 이해하기 어려우니라.

사리불아! 내가 성불한 이래 가지가지 인연과 가지가지 비유로

無數諸佛 盡行諸佛無量道法 勇猛精進 名稱 普聞 成就甚深 未曾有法 隨宜所說 意趣難解 舍利弗 吾從成佛已來 種種因緣 種種譬喩

써 널리 가르침을 폈으며, 수없는 방편으로 중생들을 인도하여 모든 집착을 여의도록 하였는데, 어찌하여 그렇게 할 수 있었는가 하면 여래가 방편과 지견의 바라밀을 모두 갖추었기 때문이니라.

사리불아! 여래의 지견은 넓고 크고 깊고 멀어서 무량과 무애와 힘과 무소외와 선정과 해탈과 삼매에 한없이 깊이 들어가 온갖 미증유한 법을 성취하였느니라.

廣演言敎無數方便 引導衆生 令離諸著 所以者何 如來方便知見波羅蜜 皆已具足 舍利弗 如來知見 廣大深遠 無量無礙 力無所畏 禪定解脫三昧 深入無際 成就一切未曾有法

사리불아! 여래는 가지가지로 자세히 구별하여 모든 법을 훌륭하게 설하며 말씀이 부드러워 대중의 마음을 기쁘게 하느니라.

사리불아! 중요한 것을 말하자면 한량없고 가없으며 미증유한 법을 부처는 모두 다 이루셨느니라. 그러나 그만두어라, 사리불아! 다시 말할 필요가 없느니라. 왜냐하면 부처가 성취한 제일 희유하고 이해하기 어려운 법은 오

舍利弗 如來 能種種分別 巧說諸法 言辭柔軟 悅可衆心 舍利弗 取要言之 無量無邊 未曾有法 佛悉成就 止 舍利弗 不須復說 所以者何 佛所成就 第一希有 難解之法

직 부처님들만이 모든 법의 있는 그대로의 참모습을 철저히 알 수가 있기 때문이니라.

이른바 모든 법은 이와 같은 모습, 이와 같은 성질, 이와 같은 바탕, 이와 같은 힘, 이와 같은 작용, 이와 같은 원인, 이와 같은 관계, 이와 같은 결과, 이와 같은 영향, 이와 같은 근본과 끝이 결국에는 같음이니라."

세존께서 이 뜻을 거듭 펴시려

唯佛與佛 乃能究盡諸法實相 所謂諸法 如是相 如是性
如是體 如是力 如是作 如是因 如是緣 如是果 如是報
如是本末究竟等
爾時世尊 欲 重宣此義 而說偈言

고게송으로 말씀하셨다.

　세상의 영웅이신 부처님을 헤아릴 길 없어 천인들과 세상 사람들과 일체의 중생들은 아무도 부처님을 알 수 없느니라. 부처님의 힘과 두려움 없음과 해탈과 여러 가지 삼매와 부처님의 나머지 법들도 헤아릴 수 있는 자가 없느니라. 일찍이 수없는 부처님을 따라 모든 도를 갖추어서 행한 매우 깊

世雄不可量　諸天及世人　一切衆生類
無能知佛者　佛力無所畏　解脫諸三昧
及佛諸餘法　無能測量者　本從無數佛
具足行諸道　甚深微妙法

고 미묘한 법은 보기도 어렵고 깨닫기도 어려우니라. 한량없는 세월동안 이 모든 도를 다 수행하고 도량에서 얻은 성과를 나는 다 보고 아느니라. 이와 같이 큰 과보인 가지가지 성품과 실상의 뜻을 나와 시방의 부처님만이 이 일을 알 수 있느니라. 이 법은 보일 수도 없고 말로도 할 수가 없어서, 믿는 힘이 견고한 보살들은 제외하지만 그 나머지 모든 중생들은 이해

難見難可了　於無量億劫　行此諸道已
道場得成果　我已悉知見　如是大果報
種種性相義　我及十方佛　乃能知是事
是法不可示　言辭相寂滅　諸餘衆生類
無有能得解　除諸菩薩衆

할 수 없느니라.

　부처님들의 제자들로서 부처님들께 공양하고 일체의 번뇌가 다하여 최후의 몸에 머물러 있는 사람들도 그들의 힘으로는 감당할 수가 없느니라. 가령 세상이 사리불과 같은 이들로 가득하여 함께 생각을 다하여 헤아려도 부처님의 지혜는 헤아릴 수 없으며, 실제로 시방에 모두 사리불 같은 이들이 가득하고, 그 밖의 제자들도 역

信力堅固者
一切漏已盡
其力所不堪
盡思共度量
皆如舍利弗

諸佛弟子衆
住是最後身
假使滿世間
不能測佛智
及餘諸弟子

曾供養諸佛
如是諸人等
皆如舍利弗
正使滿十方

시 시방에 가득해서 이들이 함께 생각을 다하여 헤아려도 역시 알 수 없으며, 벽지불의 뛰어난 지혜와 번뇌가 다한 최후의 몸을 가진 이들이 역시 시방세계에 가득하여 그 수가 대나무 숲과 같은 그들이 모두 한마음으로 한량없는 억 겁 동안 부처님의 참된 지혜를 생각하여도 알지 못하며, 새로 발심한 보살들이 수없는 부처님을 공양하고 모든 도리를 깨달아 알고,

亦滿十方刹　盡思共度量　亦復不能知
辟支佛利智　無漏最後身　亦滿十方界
其數如竹林　斯等共一心　於億無量劫
欲思佛實智　莫能知少分　新發意菩薩
供養無數佛　了達諸義趣

설법도 잘하는 이들이 벼와 삼과 대나무와 갈대와 같이 시방세계에 가득한데, 한마음으로 훌륭한 지혜를 가지고 항하의 모래 수 같은 겁 동안 다 함께 생각하고 헤아려도 부처님의 지혜는 알 수가 없느니라. 또 항하의 모래 수만큼이나 많은 물러나지 않는 보살들이 한마음으로 함께 생각하여도 역시 알 수가 없느니라. 사리불에게 말하노니 번뇌가 없고 생각으로

又能善說法　如稻麻竹葦　充滿十方刹
一心以妙智　於恒河沙劫　咸皆共思量
不能知佛智　不退諸菩薩　其數如恒沙
一心共思求　亦復不能知　又告舍利弗
無漏不思議

는 알 수 없는 매우 깊고 미묘한 법을 나는 이제 다 갖추어 얻었으며, 오직 시방의 부처님들과 나만이 이 실상을 아느니라.

사리불아! 마땅히 알지니라. 부처님들의 말씀은 다르지 아니하느니라. 부처님께서 말씀하신 법에 마땅히 크게 믿는 힘을 낼지니라. 세존은 오랫동안 설법한 후에야 중요한 진실을 설하느니라. 성문의 무리와 연각승을 구하는 이

甚深微妙法	我今已具得	唯我知是相
十方佛亦然	舍利弗當知	諸佛語無異
於佛所說法	當生大信力	世尊法久後
要當說眞實	告諸聲聞衆	及求緣覺乘

들에게 말하노니 나는 괴로움의 속박을 벗어나게 하여 열반에 이르도록 하느니라. 부처님은 방편력으로 삼승을 보이시는데 중생이 곳곳에 집착하므로 이끌어서 나오게 한 것이니라.

　그때 대중 가운데 성문들과 번뇌가 다한 아라한인 아야교진여 등 일천이백인과 성문, 벽지불의 마음을 낸 비구, 비구니, 우바새,

我令脫苦縛　逮得涅槃者　佛以方便力
示以三乘敎　衆生處處著　引之令得出
爾時大衆中 有諸聲聞 漏盡阿羅漢 阿若憍陳如等千二百人 及發聲聞辟支佛心 比丘比丘尼 優婆塞優婆夷

우바이들이 제각기 이런 생각을 하였다.

'지금 세존께서는 무슨 까닭으로 은근히 방편을 찬탄하시면서 이와 같은 말씀 하시기를 부처님께서 얻으신 법은 매우 깊고 이해하기 어려워 말씀하신 뜻을 알기 어려우며 일체의 성문과 벽지불은 미칠 수 없다고 하시는가? 그리고 부처님께서 하나뿐인 해탈의 뜻을 설하셨으며, 우리들도 역

各作是念 今者世尊 何故 慇懃稱歎方便 而作是言 佛所得法 甚深難解 有所言說 意趣難知 一切聲聞 辟支佛 所不能及 佛說一解脫義 我等 亦得此法

시 이 법을 얻어 열반에 이르렀는데, 이렇게 말씀하시니 그 뜻을 모르겠구나.'

그때 사리불이 사부대중의 의심하는 마음을 알아 차리고, 자기도 또한 궁금하므로 부처님께 여쭈었다.

"세존이시여, 무슨 인연으로 여러 부처님들의 으뜸가는 방편과 매우 깊고 미묘하며 이해하기 어려운 법을 은근히 찬탄하십니

到於涅槃 而今不知 是義所趣 爾時 舍利弗 知四衆心疑 自亦未了 而白佛言 世尊 何因何緣 慇懃稱歎 諸佛第一方便 甚深微妙 難解之法

까? 이전에는 이렇게 말씀하신 것을 들은 적이 없습니다.

지금 사부대중이 모두 궁금해하고 있사오니 바라옵건대 세존께서 이 일이 무슨 뜻인지 말씀해 주십시오. 세존께서는 무슨 연고로 매우 깊고 미묘하며 이해하기 어려운 법이라고 은근히 찬탄하셨습니까?"

사리불이 이 뜻을 거듭 펴려고 게송으로 아뢰었다.

我自昔來 未曾從佛 聞如是說 今者四衆 咸皆有疑 唯願
世尊 敷演斯事 世尊 何故 慇懃稱歎 甚深微妙 難解之
法
爾時 舍利弗 欲重宣此義 而說偈言

지혜의 태양이신 부처님께서 오랜만에 법을 설하시며 스스로 이와 같은 힘, 두려움 없음, 삼매, 선정, 해탈 등 불가사의한 법을 얻었다 하시며, 도량에서 얻으신 법을 물으려는 사람이 없고, 뜻을 헤아리기 어려워 역시 묻는 자가 없다 하시며, 묻지 않았는데도 닦으신 도를 스스로 찬탄하시며, 지혜가 매우 미묘하여 부처님들만이 얻은 것이라 하십니다. 번뇌가 다

慧日大聖尊　久乃說是法　自說得如是
力無畏三昧　禪定解脫等　不可思議法
道場所得法　無能發問者　我意難可測
亦無能問者　無問而自說　稱歎所行道
智慧甚微妙　諸佛之所得

한 아라한과 열반을 구하는 자들이 모두다 의심의 그물에 떨어졌는데 부처님께서 무슨 까닭으로 이런 말씀을 하십니까? 연각을 구하는 비구, 비구니와 하늘, 용, 귀신과 건달바들이 의심을 품어 서로 바라보고 머뭇거리며 부처님을 우러러보고 있으니, 이 일이 무엇을 위한 것인지, 원하옵건대 부처님께서 말씀하여 주십시오. 성문들 가운데서 부처님께서 저

無漏諸羅漢 及求涅槃者 今皆墮疑網
佛何故說是 其求緣覺者 比丘比丘尼
諸天龍鬼神 及乾闥婆等 相視懷猶豫
瞻仰兩足尊 是事爲云何 願佛爲解說
於諸聲聞衆 佛說我第一

를 제일이라 말씀하셨는데, 저도 지금 스스로의 지혜로는 분별하기 어려워 알지 못하겠습니다. 이것이 열반에 이르는 법입니까? 수행해야 할 도입니까?

　부처님의 입으로 인해서 생긴 불자들이 합장하고 우러러보며 기다리고 있습니다. 원하옵건대 미묘한 음성으로 사실대로 말씀하여 주십시오. 하늘과 용과 귀신들의 수가 항하의 모래 수 같고 성

我今自於智　疑惑不能了　爲是究竟法
爲是所行道　佛口所生子　合掌瞻仰待
願出微妙音　時爲如實說　諸天龍神等
其數如恒沙

불을 원하는 보살들이 어림잡아 팔만이며, 수만 억 나라의 전륜성왕들이 여기 와서 합장하고 공경하는 마음으로 모든 것을 다 갖춘 도를 듣고자 합니다.

그때 부처님께서 사리불에게 말씀하셨다.

"그만두어라, 그만두어라. 다시 말할 필요가 없느니라. 만약 이 일을 말한다면, 온 세상의 모든 하

求佛諸菩薩　　大數有八萬　　又諸萬億國
轉輪聖王至　　合掌以敬心　　欲聞具足道

爾時 佛告舍利弗 止止 不須復說 若說是事 一切世間

늘 중생과 사람들이 모두 다 놀라고 의심할 것이니라."

사리불은 다시 부처님께 여쭈었다.

"세존이시여, 원하옵건대 말씀하여 주소서. 원하옵건대 말씀하여 주소서. 왜냐하면 여기에 모인 수없는 백천만억 아승지 중생들은 부처님들을 뵈었기에 모든 근기가 뛰어나고 영리하며 지혜가 밝고 분명하여 부처님의 말씀을

諸天及人 皆當驚疑 舍利弗 重白佛言 世尊 唯願說之 唯願說之 所以者何 是會無數 百千萬億 阿僧祇衆生 曾見諸佛 諸根猛利 智慧明了 聞佛所說

들으면 공경하며 믿을 것입니다."
 사리불이 이 뜻을 거듭 펴려고 게송으로 말하였다.

 법의 왕이시며 위없는 세존이시여! 꼭 말씀하여 주십시오.
 염려하지 마시고 부디 말씀하여 주십시오. 여기 모인 대중들은 공경하며 믿을 자들이옵니다.

 부처님께서는 다시 그런 말 말

則能敬信 爾時 舍利弗 欲重宣此義 而說偈言

法王無上尊　唯說願勿慮
是會無量衆　有能敬信者

佛 復止

라고 하셨다.

"그만두어라. 사리불아! 만약 이 일을 말한다면 모든 세간의 하늘 중생, 사람, 아수라들이 놀라고 의심할 것이며 증상만의 비구들은 장차 큰 구덩이에 떨어질 것이니라."

그때 세존께서는 게송으로 거듭 말씀하셨다.

그만두어라, 그만두어라. 모름

舍利弗 若說是事 一切世間 天人 阿修羅 皆當驚疑 增上慢比丘 將墜於大坑 爾時 世尊 重說偈言

止止不須說　我法妙難思

지기 말할 것이 아니니라. 나의 법은 미묘하고 불가사의하여, 교만한 자들이 들으면 반드시 공경하거나 믿지 않을 것이니라.

　　그때 사리불이 다시 부처님께 여쭈었다.

　　"세존이시여, 오직 원하옵건대 말씀하여 주십시오. 오직 원하옵건대 말씀하여 주십시오. 지금 여기 모여 있는 저와 똑같은 백천만

諸增上慢者　　聞必不敬信
爾時 舍利弗 重白佛言 世尊 唯願說之 唯願說之 今此 會中 如我等比百千萬億

억 이들은 세세생생에 이미 부처님의 교화를 받았으니, 이들은 반드시 공경하고 믿어서 긴긴 밤에 편안하며 이익되는 바가 많을 것입니다."

이때에 사리불은 이 뜻을 거듭 게송으로 말하였다.

위없는 양족존이시여! 원하옵건대 가장 으뜸가는 법을 설하여 주십시오. 저는 부처님의 장자이

世世 已曾 從佛受化 如此人等 必能敬信 長夜安隱 多所饒益
爾時 舍利弗 欲重宣此義 而說偈言
無上兩足尊　願說第一法　我爲佛長子

오니 부디 설하여 주십시오. 여기 모인 많은 중생들은 능히 이 법을 공경하며 믿을 것입니다. 부처님께서 지나간 세상에서 이 같은 무리들을 교화하시었으므로 모두 한마음으로 합장하고 부처님의 말씀을 듣고 받아들일 것입니다. 저희들 일천 이백 인과 그 밖에 불도를 구하는 이들을 위하여 부디 설하여 주십시오. 이들은 법을 들으면 크게 기뻐할 것입니다.

唯垂分別說　是會無量衆　能敬信此法
佛已曾世世　敎化如是等　皆一心合掌
欲聽受佛語　我等千二百　及餘求佛者
願爲此衆故　唯垂分別說　是等聞此法
則生大歡喜

그러자 세존께서는 사리불에게 이렇게 말씀하셨다.

"네가 간곡하게 세 번이나 청하였으니 어찌 말하지 않을 수 있겠느냐. 이제 자세히 듣고 잘 생각하고 생각하여라. 내가 마땅히 너를 위하여 자세히 설하리라."

이 말씀을 하실 때 그 자리에 있던 비구, 비구니, 우바새, 우바이 오천 명이 자리에서 일어나 부처님께 예배하고 물러갔다. 왜냐하

爾時 世尊 告舍利弗 汝已慇懃三請 豈得不說 汝今諦聽 善思念之 吾當爲汝 分別解說 說此語時 會中 有比丘比丘尼 優婆塞優婆夷 五千人等 卽從座起 禮佛而退

면 이들은 죄의 뿌리가 깊고 무거울 뿐 아니라 증상만이 있는 자들로서 얻지 못하였으면서도 얻었다 하고, 깨닫지 못하였으면서도 깨달았다고 하는 허물이 있으므로 머물지 아니하였는데 세존께서는 잠자코 계시며 말리지 아니하셨다.

그때 부처님께서 사리불에게 말씀하셨다.

"나의 지금 여기 있는 대중은

所以者何 此輩 罪根 深重 及增上慢 未得 謂得 未證 謂證 有如此失 是以不住 世尊 默然 而不制止 爾時 佛告 舍利弗 我今此衆

지엽은 없고 순전히 좋은 알맹이만 있구나.

사리불아! 증상만의 사람들이 물러간 것은 오히려 잘되었느니라. 너희들은 이제 잘 들어라. 너희를 위하여 설하리라."

사리불이, "그러하겠습니다. 세존이시여! 원하옵건대 기꺼이 듣고자 하옵니다." 하니 부처님께서 말씀하셨다.

"이렇게 미묘한 법은 모든 부

無復枝葉 純有貞實 舍利弗 如是 增上慢人 退亦佳矣 汝今善聽 當爲汝說 舍利弗 言 唯然世尊 願樂欲聞 佛告舍利弗

처님 여래께서 때가 되어야 말씀하시는 것이니 마치 우담발화가 때가 되어야 한 번 피는 것과 같느니라.

사리불아! 너희들은 마땅히 부처님께서 설하시는 것을 믿을지니 그 말씀은 허망하지 않느니라.

사리불아! 부처님들께서는 그때그때에 따라 적절히 설법을 하시는데 그 뜻은 이해하기 어려우니라. 왜냐하면 수없는 방편과 가

如是妙法 諸佛如來 時乃說之 如優曇鉢華 時一現耳 舍利弗 汝等 當信佛之所說 言不虛妄 舍利弗 諸佛 隨宜說法 意趣難解 所以者何 我以無數方便

지가지 인연과 비유와 이야기로 모든 법을 설하시므로 생각이나 분별로는 이해할 수 없기 때문이니라. 부처님들만이 아실 수 있는데 왜냐하면 세존들께서는 오직 일대사인연으로 이 세상에 출현하시기 때문이니라.

사리불아! 어찌하여 부처님 세존들께서 오직 일대사인연으로 이 세상에 출현하신다고 하는가 하면, 부처님 세존들께서는 중생

種種因緣 譬喩言辭 演說諸法 是法 非思量分別之所能解 唯有諸佛 乃能知之 所以者何 諸佛世尊 唯以一大事因緣故 出現於世 舍利弗 云何名 諸佛世尊 唯以一大事因緣故 出現於世 諸佛世尊

들로 하여금 부처님의 지견을 열어 청정하게 하려고 이 세상에 출현하시며, 중생들에게 부처님의 지견을 보이려고 이 세상에 출현하시며, 중생으로 하여금 부처님의 지견을 깨닫게 하려고 출현하시며, 중생으로 하여금 부처님의 지견의 도에 들게 하려고 이 세상에 출현하시느니라.

사리불아! 이것을 부처님들께서는 오직 일대사인연 때문에 세

欲令衆生 開佛知見 使得淸淨故 出現於世 欲示衆生 佛之知見故 出現於世 欲令衆生 悟佛知見故 出現於世 欲令衆生 入佛知見道故 出現於世 舍利弗 是爲諸佛 唯以一大事因緣故

상에 출현하시는 것이라 하느니라."

부처님께서 사리불에게 말씀하셨다.

"모든 부처님 여래께서는 다만 보살만을 교화하시기 때문에 하시는 일들도 항상 한 가지 일을 위하는 것으로 오직 부처님의 지견을 중생들에게 보여서 깨닫게 하는 것이니라.

사리불아! 여래께서는 오직 일

出現於世 佛告舍利弗 諸佛如來 但敎化菩薩 諸有所作 常爲一事 唯以佛之知見 示悟衆生 舍利弗 如來 但以一佛乘故 爲衆生說法

불승으로 중생을 위하여 법을 설하시지 이승이나 삼승이나 다른 승은 없느니라.

사리불아! 일체 시방의 모든 부처님의 법도 역시 이와 같느니라.

사리불아! 과거의 여러 부처님들께서 한량없고 수도 없는 방편과 가지가지 인연과 비유와 이야기로써 중생을 위하여 여러 가지 법을 설하셨는데, 법이 모두 일불승을 위한 것이었으므로, 중생들

無有餘乘 若二若三 舍利弗 一切十方諸佛 法 亦如是 舍利弗 過去諸佛 以無量無數方便 種種因緣 譬喩言辭 而爲衆生 演說諸法 是法 皆爲一佛乘故

이 부처님을 따라 법을 듣고 마지막에는 모두 일체종지를 얻었느니라.

사리불아! 미래의 부처님들께서도 세상에 출현하시면 역시 한량없고 수없는 방편과 가지가지 인연과 비유와 이야기로 중생을 위하여 설법을 하시는데 이 법도 모두 일불승을 위한 것이므로, 중생들이 부처님으로부터 법을 듣고 마침내는 모두 일체종지를 얻

是諸衆生 從諸佛 聞法 究竟 皆得一切種智 舍利弗 未來諸佛 當出於世 亦以無量無數方便 種種因緣 譬喩言辭 而爲衆生 演說諸法 是法 皆爲一佛乘故 是諸衆生 從佛聞法 究竟皆得一切種智

을 것이니라.

 사리불아! 현재 시방의 한량없는 백천만억 불국토에 계시는 모든 부처님 세존께서도 이익되게 하시는 것이 많아 중생들을 편안하고 즐겁게 하시는데, 이 부처님들께서도 역시 한량없고 수없는 방편과 가지가지 인연과 비유와 이야기로써 중생을 위하여 모든 법을 설하시느니라. 이 법도 모두 일불승을 위한 것이므로,

舍利弗 現在十方無量百千萬億佛土中 諸佛世尊 多所饒益 安樂衆生 是諸佛 亦以無量無數方便 種種因緣 譬喩言辭 而爲衆生 演說諸法 是法 皆爲一佛乘故

중생들이 부처님으로부터 법을 듣고 마침내는 모두 일체종지를 얻느니라.

사리불아! 부처님들께서는 오직 보살만을 교화하시느니라. 이것은 부처님의 지견을 중생에게 보이시려는 것이며, 부처님의 지견으로 중생들을 깨닫게 하시려는 것이며, 중생들로 하여금 부처님의 지견에 들게끔 하시려는 것이니라.

是諸衆生 從佛聞法 究竟 皆得一切種智 舍利弗 是諸佛 但教化菩薩 欲以佛之知見 示衆生故 欲以佛之知見 悟衆生故 欲令衆生 入佛之知見故

사리불아! 나도 지금 역시 그와 같아서 중생들이 가지가지 욕망에 깊이 집착해 있음을 알므로, 그 본래의 성품을 따라서 가지가지 인연과 비유와 이야기와 방편의 힘으로 법을 설하느니라.

사리불아! 이렇게 하는 것은 모두 일불승과 일체종지를 얻게 하기 위한 것이니라.

사리불아! 시방세계에는 이승도 없거늘 하물며 삼승이 있겠느

舍利弗 我今 亦復如是 知諸衆生 有種種欲 深心所著 隨其本性 以種種因緣 譬喩言辭方便力 而爲說法 舍利弗 如此皆爲 得一佛乘 一切種智故 舍利弗 十方世界中 尙無二乘 何況有三

나?

　사리불아! 부처님들께서는 오탁악세에 출현하시니, 오탁악세란 이른바 겁탁, 번뇌탁, 중생탁, 견탁, 명탁이니라.

　사리불아! 겁이 흐리고 어지러운 시대에는 중생들의 번뇌와 업장이 무거워 매우 인색할 뿐만 아니라 시기하고 미워하느라 온갖 나쁜 일들을 저지르므로, 부처님들께서 방편력으로 일불승

舍利弗 諸佛 出於五濁惡世 所謂劫濁 煩惱濁 衆生濁 見濁 命濁 如是 舍利弗 劫濁亂時 衆生 垢重 慳貪嫉妬 成就諸不善根故 諸佛 以方便力 於 一佛乘

에서 분별하여 삼승을 설하는 것이니라.

사리불아! 만약 나의 제자로서 스스로 아라한이나 벽지불이라 말하면서도 모든 부처님 여래께서는 오직 보살만을 교화하신다는 것을 듣지도 못하고 알지도 못하는 자는 부처님의 제자가 아니며 아라한도 아니며 벽지불도 아니니라. 또 사리불아! 비구와 비구니들이 스스로 말하기를, '아

分別說三 舍利弗 若我弟子 自謂阿羅漢 辟支佛者 不聞不知 諸佛如來 但教化菩薩事 此非佛弟子 非阿羅漢 非辟支佛 又 舍利弗 是諸 比丘比丘尼 自謂已得

라한을 얻어 최후의 몸이 되었으니 마침내 열반에 이르리라.'고 생각하여 다시는 아뇩다라삼먁삼보리를 구할 뜻이 없다면 마땅히 알지니 이런 무리는 모두 교만한 자들이니라. 왜냐하면 만약 비구가 실제로 아라한을 얻었다면 이 법을 믿지 않고서는 이런 지위에 있을 수 없기 때문이니라. 그러나 부처님께서 열반하신 후 부처님께서 계시지 않을 때는 제외하느니

阿羅漢 是 最後身 究竟涅槃 便不復志求 阿耨多羅三藐三菩提 當知此輩 皆是增上慢人 所以者何 若有比丘 實得阿羅漢 若 不信此法 無有是處 除佛滅度後 現前無佛

라. 왜냐하면 부처님께서 열반하신 후에는 이와 같은 경전을 받아 지니고 읽고 외우고 그 뜻을 이해할 수 있는 사람을 만나기가 어렵기 때문이니라. 그러나 만약 부처님을 만난다면 이 법 가운데서 틀림없이 깨달을 수 있을 것이니라.

　사리불아! 너희들은 마땅히 일심으로 믿고 이해하여 부처님의 말씀을 받아 지닐지니라. 모든 부처님 여래의 말씀은 허망하지 않

所以者何 佛滅度後 如是等經 受持讀誦解義者 是人難得 若遇餘佛 於此法中 便得決了 舍利弗 汝等 當 一心 信解 受持佛語 諸佛如來 言無虛妄

느니라. 나머지 승은 없고 오직 일
불승만 있느니라."

 세존께서 이 뜻을 거듭 펴시려
고 게송으로 말씀하셨다.

 교만한 마음을 가진 비구, 비구
니, 남을 업신여기는 마음이 있는
우바새, 믿음이 없는 우바이, 이
같은 사부대중들, 그 수가 오천인
데, 자신들의 허물을 스스로 보지
못하고 계행에도 결함이 있어 그

無有餘乘 唯一佛乘 爾時 世尊 欲重宣此義 而說偈言
比丘比丘尼　　有懷增上慢　　優婆塞我慢
優婆夷不信　　如是四衆等　　其數有五千
不自見其過　　於戒有缺漏

잘못된 것을 애써 감추려하는, 작은 지혜를 가진 이들이 물러갔구나. 대중 가운데 찌꺼기들이라 부처님의 위덕 때문에 물러갔는데, 이들은 복과 덕이 적어 이 법을 들을 수가 없느니라. 지금 이 대중은 지엽은 없고 오직 열매들만 있구나.

사리불아! 잘 들어라. 부처님들께서는 얻으신 법을 한량없는 방편력으로 중생을 위하여 설하시

護惜其瑕疵　是小智已出　衆中之糟糠
佛威德故去　斯人尟福德　不堪受是法
此衆無枝葉　唯有諸貞實　舍利弗善聽
諸佛所得法　無量方便力　而爲衆生說

느니라. 중생들이 마음으로 생각하는 것과 가지가지로 행하는 도와 약간의 욕심과 성품과 지난 세상에서 지은 선과 악의 업을 부처님께서는 다 아시고, 여러 가지 인연과 비유와 말씀과 방편력으로 모두를 기쁘게 하시느니라. 때로는 수다라와 가타와 본사와 본생과 미증유를 설하며, 또 인연과 비유와 기야와 우바제사경을 설하시느니라. 근기가 둔하여 작은 법

衆生心所念　種種所行道　若干諸欲性
先世善惡業　佛悉知是已　以諸緣譬喻
言辭方便力　令一切歡喜　或說修多羅
伽陀及本事　本生未曾有　亦說於因緣
譬喻幷祇夜　優婆提舍經　鈍根樂小法

을 좋아하며, 생사에 대하여 집착을 하느라 한량없는 부처님의 깊고 묘한 법을 행하지 않아 온갖 고통에 시달리고 있으므로, 이들을 위하여 열반을 설하시느니라. 내가 이런 방편을 세운 것은 부처님의 지혜에 들게 하려는 것이니라. 너희들이 성불할 것이라고 말하지 않았는데 그 까닭은 말할 때가 되지 않았기 때문이니라. 지금이 바로 말할 때라 생각하고 대승을

貪著於生死　於諸無量佛　不行深妙道
衆苦所惱亂　爲是說涅槃　我說是方便
令得入佛慧　未曾說汝等　當得成佛道
所以未曾說　說時未至故　今正是其時

설하노라. 나는 이 구부법을 중생에 따라 설하는데, 대승에 들어가는 근본으로 삼으려고 이 경을 설하느니라. 불자가 마음이 깨끗하고 부드럽고 총명하여, 한량없는 부처님의 처소에서 깊고 묘한 도를 행하면, 이런 불자들을 위하여 이 대승경을 설하며 내가 이런 사람에게 다음 세상에 성불하리라고 수기하는 것은 깊은 마음으로 염불하고 깨끗한 계행을 닦아 지

隨順眾生說
有佛子心淨
而行深妙道
我記如是人
修持淨戒故

我此九部法
以故說是經
無量諸佛所
說是大乘經
以深心念佛

決定說大乘
入大乘爲本
柔軟亦利根
爲此諸佛子
來世成佛道

닌 까닭이니라. 이런 사람들이 부처님 된다는 말을 들으면 큰 기쁨이 온몸에 가득하리라. 부처님께서는 그들의 마음과 행하는 바를 알기 때문에 대승을 설하느니라. 성문이나 보살이 내가 설한 법을 한 게송만이라도 들으면 모두 성불하리라는 것을 의심하지 말지니라. 시방의 불국토에는 오직 일승법만 있지 이승도 없고 삼승도 없느니라. 부처님께서 단지 거짓

此等聞得佛	大喜充遍身	佛知彼心行
故爲說大乘	聲聞若菩薩	聞我所說法
乃至於一偈	皆成佛無疑	十方佛土中
唯有一乘法	無二亦無三	除佛方便說

이름으로 중생을 인도하기 위하여 방편으로 설하신 것은 제외하느니라. 부처님께서는 부처님의 지혜를 설하시려고 이 세상에 출현하시는 것이니라. 오직 이 한 가지만이 진실이고, 나머지 둘은 거짓이며, 끝까지 소승으로는 중생을 제도하지 않으시느니라. 부처님께서는 스스로 대승에 머물러 그 얻은 법과 같이 하며 선정과 지혜의 힘으로 장엄하고 이것으로

但以假名字　　引導於衆生　　說佛智慧故
諸佛出於世　　唯此一事實　　餘二則非眞
終不以小乘　　濟度於衆生　　佛自住大乘
如其所得法　　定慧力莊嚴　　以此度衆生

중생을 제도하시느니라. 스스로 위없는 도인 대승의 평등한 법을 깨닫고 만약 소승으로 한 사람만이라도 교화한다면 나는 곧 간탐함에 떨어지는 것이리니, 이런 일은 옳다고 할 수 없지 않느냐? 만약 부처님을 믿고 귀의하면 여래는 거짓말을 하거나 속이지 않고 또 인색해하거나 미워하지 않느니라. 모든 법 가운데 나쁜 것을 끊었으므로 부처님께서는 시방세

自證無上道　大乘平等法　若以小乘化
乃至於一人　我則墮慳貪　此事爲不可
若人信歸佛　如來不欺誑　亦無貪嫉意
斷諸法中惡　故佛於十方

계에서 홀로 두려움이 없느니라. 나는 삼십이상으로써 몸을 장엄하고 광명을 세상에 비추어 무량 중생의 존경을 받으며 실상의 법을 설하느니라.

사리불아! 마땅히 알아라. 내가 본래 세운 서원은 일체중생이 나와 같아 다르지 않다는 것이니라. 내가 옛날에 세운 서원이 이제 이루어졌으니, 일체 중생을 교화하여 모두 불도에 들게 하노라. 내가

而獨無所畏
無量衆所尊
我本立誓願
如我昔所願
皆令入佛道

我以相嚴身
爲說實相印
欲令一切衆
今者已滿足

光明照世間
舍利弗當知
如我等無異
化一切衆生

중생을 만나면 불도로써 가르침을 다 하지만, 지혜가 없는 이는 마음이 어지럽고 흐려서 가르침을 받지 않는데, 나는 이런 중생들이 선의 근본을 닦지 않고 인간의 다섯 가지 근본 욕망에 굳게 집착하며 어리석게 애착하는 탓으로 번뇌를 일으키고, 여러 가지 욕망과 인연으로 삼악도에 떨어지며, 육도를 윤회하며 온갖 괴로움과 고통을 다 갖추어 받는 것을 알고

若我遇眾生　盡教以佛道　無智者錯亂
迷惑不受教　我知此眾生　未曾修善本
堅著於五欲　癡愛故生惱　以諸欲因緣
墜墮三惡道　輪廻六趣中　備受諸苦毒

있느니라. 태로 받는 작은 형상으로 세세생생 늘 자라며, 덕이 엷고 복이 적은 사람이라 온갖 괴로움에 시달리며, '있다와 없다'라는 잘못된 견해의 숲에 빠져서 이런 견해에 의지하여 육십이소견을 모두 가지며, 허망한 법에 깊이 집착하여 굳게 받아들여 버리지 않으며, 잘난 체하며 스스로를 자랑하여 높이느라 마음이 비뚤고 바르지 못하며, 진실하지 못하여 천

受胎之微形　世世常增長　薄德少福人
衆苦所逼迫　入邪見稠林　若有若無等
依止此諸見　具足六十二　深著虛妄法
堅受不可捨　我慢自矜高　諂曲心不實

만억 겁 동안 부처님의 이름을 듣지 못하고 또한 정법도 듣지 못하니 이와 같은 사람은 제도하기 어려우니라.

그러므로 사리불아! 내가 방편으로 설하며 모든 괴로움을 없애는 도를 설하여 열반을 보이는 것이니라. 내가 비록 열반을 설하였으나 이 또한 진정한 열반이 아니니라. 모든 법은 본래부터 항상 스스로 적멸의 모습이니, 불자가 도

於千萬億劫	不聞佛名字	亦不聞正法
如是人難度	是故舍利弗	我爲說方便
說諸盡苦道	示之以涅槃	我雖說涅槃
是亦非眞滅	諸法從本來	常自寂滅相

를 행하여 마치면 오는 세상에 반드시 부처님을 이루리라. 나는 방편의 힘이 있어서 삼승법을 열어 보였으나 부처님들께서는 모두 일승의 가르침을 설하시느니라.

이제 대중들은 모두다 마땅히 의혹을 버려라. 부처님들의 말씀은 다르지 않아서 오직 일승뿐, 이승은 없느니라. 과거 셀 수 없는 겁에 열반하신 부처님들께서 백천만억이라 그 수를 헤아릴 수 없

佛子行道已　　來世得作佛　　我有方便力
開示三乘法　　一切諸世尊　　皆說一乘道
今此諸大衆　　皆應除疑惑　　諸佛語無異
唯一無二乘　　過去無數劫　　無量滅度佛
百千萬億種　　其數不可量

는 이와 같은 부처님들도 가지가
지 인연과 비유와 셀 수 없는 방편
력으로 모든 법의 모습을 설하셨
는데, 모두 일승법을 설하시어 헤
아릴 수 없는 중생을 교화하여 불
도에 들게 하셨느니라.

또 부처님들께서는 일체 세간
의 하늘과 사람과 중생들의 마음
속 깊은 욕망을 아시고 다시 다른
방편으로 가장 높은 뜻을 나타내
셨느니라.

如是諸世尊	種種緣譬喩	無數方便力
演說諸法相	是諸世尊等	皆說一乘法
化無量衆生	令入於佛道	又諸大聖主
知一切世間	天人群生類	深心之所欲
更以異方便	助顯第一義	

만약 어떤 중생들이 과거의 부처님들을 만나 법을 듣고 보시를 하며 계행을 지키고 인욕과 정진, 선정, 지혜 등을 행하여 가지가지 복과 지혜를 닦았으면 이들은 모두 다 성불하였느니라.

　부처님들께서 열반하신 후에 만약 어떤 중생들이 마음을 착하고 부드럽게 가졌다면 그대로 모두 성불하였으며, 부처님들께서 열반하신 후에 사리에 공양을 하

若有衆生類　值諸過去佛　若聞法布施
或持戒忍辱　精進禪智等　種種修福慧
如是諸人等　皆已成佛道　諸佛滅度後
若人善軟心　如是諸衆生　皆已成佛道
諸佛滅度後　供養舍利者

려고 만억 가지 탑을 세우고 금, 은, 수정, 자거, 마노, 매괴, 유리, 진주 등으로 맑고 깨끗하며 넓고 아름답게 탑들을 잘 꾸몄거나, 석묘를 세우되 전단과 침수와 목밀나무와 다른 재목들과 벽돌과 기와와 진흙 등으로 세웠거나, 또는 넓은 들판에 흙을 쌓아 부처님의 사당을 만들었거나, 아이들이 장난으로라도 모래를 쌓아 부처님의 탑을 세웠으면 이런 사람들도

起萬億種塔　金銀及頗梨　硨磲與瑪瑙
玫瑰瑠璃珠　淸淨廣嚴飾　莊校於諸塔
或有起石廟　栴檀及沈水　木櫁幷餘材
甎瓦泥土等　若於曠野中　積土成佛廟
乃至童子戱　聚沙爲佛塔　如是諸人等

모두 다 성불하였느니라.

　만약에 어떤 사람이 부처님을 위하여 여러 형상을 세웠거나 깎고 다듬어서 여러 가지 형상을 만들었으면 모두 다 성불하였으며, 또 칠보나 놋쇠나 붉은 구리나 흰 구리나 함석이나 납이나 주석이나 쇠나 나무나 진흙으로 만들었거나, 아교와 옻칠을 한 베로써 부처님의 상을 아름답게 꾸며 만들었으면 이런 사람들은 모두 다 성

皆已成佛道	若人爲佛故	建立諸形像
刻雕成衆相	皆已成佛道	或以七寶成
鍮鉐赤白銅	白鑞及鉛錫	鐵木及與泥
或以膠漆布	嚴飾作佛像	如是諸人等

불하였으며, 백 가지의 복으로 꾸며진 부처님의 상을 아름답게 그리기를 스스로 하였거나 남을 시켜 하였더라도 모두다 성불하였으며, 아이들이 장난으로 풀이나 나무나 붓이나 또는 손가락이나 손톱으로라도 불상을 그렸으면 이런 이들도 점점 공덕을 쌓아 대자비심을 갖추고 모두다 성불하여 보살들만을 교화하며 헤아릴 수 없는 중생을 제도하여 벗어나

皆已成佛道	彩畫作佛像	百福莊嚴相
自作若使人	皆已成佛道	乃至童子戲
若草木及筆	或以指爪甲	而畫作佛像
如是諸人等	漸漸積功德	具足大悲心
皆已成佛道	但化諸菩薩	度脫無量衆

게 하느니라.

　만약 어떤 사람이 탑묘와 보배로 된 형상과 그림으로 된 형상에 꽃과 향과 깃발과 덮개를 공경하는 마음으로 공양하였거나, 사람을 시켜 음악을 올리되 북을 치고 소라고둥을 불며 퉁소와 피리와 거문고와 공후와 비파와 꽹과리와 징 등과 같은 여러 가지 묘한 소리로 공양을 하였거나, 또는 기쁘고 즐거운 마음으로 부처님의

若人於塔廟　寶像及畫像　以華香幡蓋
敬心而供養　若使人作樂　擊鼓吹角貝
簫笛琴箜篌　琵琶鐃銅鈸　如是衆妙音
盡持以供養　或以歡喜心　歌唄頌佛德

공덕을 칭송하는 노래를 한 마디 작은 소리로라도 불렀으면 모두 다 성불하였느니라.

만약 어떤 사람이 흐트러진 마음으로 꽃 한 송이라도 그림으로 그린 형상에 공양을 하면, 점차 셀 수 없는 부처님을 뵙게 되며, 혹은 어떤 사람이 예배하되 다만 합장만 하거나 손을 한 번 들거나 머리를 조금 숙이기만 하여도 이와 같이 불상에 공양하면, 차츰 많은 부

乃至一小音　皆已成佛道　若人散亂心
乃至以一華　供養於畫像　漸見無數佛
或有人禮拜　或復但合掌　乃至擧一手
或復小低頭　以此供養像　漸見無量佛

처님을 뵙게 될 것이며, 스스로 위없는 도를 성취하여 많은 중생 널리 제도하며 무여열반에 들게 하는데 마치 땔나무가 다하여 불이 꺼지듯 하느니라.

　만약 사람이 산란한 마음으로 탑묘 안에 들어가서 한 번이라도 '나무불'이라 말하면 모두 성불하고, 지난 세상의 부처님들께서 세상에 계실 때에나 열반하신 후에도 이 법을 들은 이들은 모두 다

自成無上道　廣度無數衆　入無餘涅槃
如薪盡火滅　若人散亂心　入於塔廟中
一稱南無佛　皆已成佛道　於諸過去佛
在世或滅度　若有聞是法　皆已成佛道

성불하였느니라. 미래의 부처님들도 그 수를 헤아릴 수 없는데, 이 여래들께서도 역시 방편으로 설법하시느니라.

　일체의 모든 여래는 수없는 방편으로 중생들을 제도하여 부처님의 무루지에 들게 하시므로 법을 들으면 성불하지 못하는 자가 하나도 없느니라.

　부처님들의 본래 서원은 자신이 행한 불도를 널리 중생들도 이

未來諸世尊	其數無有量	是諸如來等
亦方便說法	一切諸如來	以無量方便
度脫諸衆生	入佛無漏智	若有聞法者
無一不成佛	諸佛本誓願	我所行佛道

도를 같이 얻게 하려는 것이니라. 오는 세상의 모든 부처님께서 백천억 헤아릴 수 없는 법을 설하시더라도 사실은 일승을 위한 것이니라.

　부처님 양족존께서는 법이 항상 성품이 없음을 아시지만, 부처님의 종자는 인연 따라 생기므로 일승을 설하시느니라. 이 법은 법의 자리에 머물러 세간의 모습으로 항상 머무는 것을 도량에서 이

普欲令衆生　亦同得此道　未來世諸佛
雖說百千億　無數諸法門　其實爲一乘
諸佛兩足尊　知法常無性　佛種從緣起
是故說一乘　是法住法位　世間相常住

미 아셨지만 부처님께서는 방편으로 설하시느니라.

 하늘과 사람이 공양하는 시방의 현재 부처님 그 수가 항하의 모래 수 같은데, 이 세상에 출현하시어 중생들을 편안하게 하시려고 역시 이와 같은 법을 설하시느니라. 제일적멸을 아시지만 방편력을 쓰시므로 가지가지 도를 보이시는데 사실은 일불승을 위함이니라.

於道場知已	導師方便說	天人所供養
現在十方佛	其數如恒沙	出現於世間
安隱衆生故	亦說如是法	知第一寂滅
以方便力故	雖示種種道	其實爲佛乘

중생들의 여러 가지 행동과 마음 깊이 생각하는 것과 과거에 익힌 업과 욕망과 성품과 정진력과 모든 근기의 예리하고 둔함을 아시고 가지가지 인연과 비유와 이야기로써 적절하게 방편으로 설하시느니라. 지금 나 또한 이와 같이 중생을 편안하게 하려고 가지가지 법문으로 불도를 펴 보이느니라.

 나는 지혜의 힘으로 중생의 성

知眾生諸行
欲性精進力
譬喻亦言辭
安隱眾生故
我以智慧力

深心之所念
及諸根利鈍
隨應方便說
以種種法門

過去所習業
以種種因緣
今我亦如是
宣示於佛道

품과 욕망을 알고 방편으로 모든 법을 설하여 모두를 크게 기쁘게 하느니라.

사리불아! 마땅히 알아라. 내가 부처님의 눈으로 육도의 중생을 보니 가난하고 복과 지혜가 없으며, 나고 죽는 험한 길에 들어 이어 받는 고통을 끊지 못하고, 오욕에 깊이 집착하길 리우가 꼬리를 사랑하듯이 하며, 탐욕과 애욕으로 스스로를 가리고 눈 멀고 어두

知衆生性欲　方便說諸法　皆令得歡喜
舍利弗當知　我以佛眼觀　見六道衆生
貧窮無福慧　入生死險道　相續苦不斷
深著於五欲　如犛牛愛尾　以貪愛自蔽
盲瞑無所見

워 보지 못하며, 큰 힘을 가진 부처님과 괴로움 끊는 법 구하지 않고, 깊고 그릇된 견해들에 빠져 괴로움으로 괴로움을 버리려 하므로, 이런 중생들을 위하여 크게 불쌍히 여기는 마음을 일으켰느니라. 나는 처음 도량에 앉아 나무를 보거나 가벼이 거닐면서 삼칠일 동안 이와 같은 일을 깊이 생각하였느니라.

'내가 얻은 지혜는 미묘하고

不求大勢佛　及與斷苦法　深入諸邪見
以苦欲捨苦　爲是衆生故　而起大悲心
我始坐道場　觀樹亦經行　於三七日中
思惟如是事　我所得智慧　微妙最第一

가장 으뜸이지만, 중생들은 여러 가지 근기가 둔하여 오욕락에 집착하고 어리석으며 지혜의 눈이 어두우니, 이와 같은 무리들을 어떻게 제도할 수 있을까?'

그때 여러 법천왕과 모든 하늘의 제석천왕과 이 세상을 지키는 사천왕과 대자재천과 다른 하늘 대중들과 그들의 권속 백천만이 공경하고 합장하여 예배하며 나에게 법륜 굴리길 청하므로 나는

衆生諸根鈍　著樂癡所盲　如斯之等類
云何而可度　爾時諸梵王　及諸天帝釋
護世四天王　及大自在天　幷餘諸天衆
眷屬百千萬　恭敬合掌禮　請我轉法輪

곧 스스로 생각하기를, '오직 일불승만을 찬탄하면 괴로움에 빠져 있는 중생들은 이 법을 믿지 않을 것이며 법을 깨뜨리고 믿지 아니한 까닭으로 삼악도에 떨어지리니, 차라리 법을 설하지 말고 빨리 열반에 들어야겠다.' 하다가 과거의 부처님들께서 행하신 방편력을 생각해내고 '지금 얻은 도를 삼승으로 설하여야겠다.'고 생각할 때, 시방의 부처님께서

我卽自思惟　若但讚佛乘　衆生沒在苦
不能信是法　破法不信故　墮於三惡道
我寧不說法　疾入於涅槃　尋念過去佛
所行方便力　我今所得道　亦應說三乘
作是思惟時　十方佛皆現

모두 나타나시어 법음으로 나를 위로하며, '훌륭하십니다. 석가모니 부처님, 으뜸가는 도사이시여! 위없는 도를 얻었지만 모든 부처님들처럼 방편력을 쓰시려 하는구려. 우리들도 역시 가장 묘하고 으뜸가는 법을 얻었지만 중생들을 위하여 분별하여 삼승을 설하였습니다. 지혜가 작고, 작은 법을 좋아하며 스스로 성불을 믿지 않으므로, 방편으로 분별하여

梵音慰喩我 善哉釋迦文 第一之導師
得是無上法 隨諸一切佛 而用方便力
我等亦皆得 最妙第一法 爲諸衆生類
分別說三乘 小智樂小法 不自信作佛
是故以方便

여러 가지 과를 설하였으며, 비록 삼승을 설하였으나 오직 보살을 교화하기 위한 것이었습니다.'라고 깨우쳐 주셨느니라.

사리불아! 마땅히 알아라. 나는 성스러운 부처님들의 깊고 맑으며 미묘한 음성을 듣고, '기쁜 마음으로 부처님들께 귀의합니다.' 하며 다시 이런 생각을 하였다. '나는 흐리고 나쁜 세상에 나왔으니 부처님들의 말씀대로 나

分別說諸果　雖復說三乘　但爲敎菩薩
舍利弗當知　我聞聖師子　深淨微妙音
喜稱南無佛　復作如是念　我出濁惡世
如諸佛所說　我亦隨順行　思惟是事已

도 따라 행하리라.' 이런 생각을 하고 곧 바라나로 갔는데, 모든 법의 적멸한 모습을 말로써는 펼 수가 없어서 방편력으로 다섯 비구를 위해 설하였느니라.

이것을 전법륜이라 하며, 이로부터 열반이라는 법과 아라한이라는 이름과 법보와 승보를 차별하여 이름하였으며, 오랜 세월 내려오며 열반의 진리를 찬탄하여 보이고 생사의 괴로움이 영원히

卽趣波羅柰　諸法寂滅相　不可以言宣
以方便力故　爲五比丘說　是名轉法輪
便有涅槃音　及以阿羅漢　法僧差別名
從久遠劫來　讚示涅槃法　生死苦永盡

없어진다고 항상 말하였느니라.

사리불아! 마땅히 알아라. 내가 불자들을 보니 불도를 구하려는 무량 천만억 인들이 모두 공경하는 마음으로 부처님 계신 곳으로 와서 부처님들로부터 방편으로 설하시는 법을 들으므로 나는 곧 이런 생각을 하였느니라. '여래께서 나오시는 것은 부처님의 지혜를 설하려는 것이니 지금이 바로 그때이구나.'

我常如是說　舍利弗當知　我見佛子等
志求佛道者　無量千萬億　咸以恭敬心
皆來至佛所　曾從諸佛聞　方便所說法
我卽作是念　如來所以出　爲說佛慧故
今正是其時

사리불아! 마땅히 알아라. 근기가 둔하고 지혜가 작은 사람과 상에 집착하여 교만한 자는 이 법을 믿을 수가 없느니라. 지금 나는 기쁘고 두려울 것이 없어서 모든 보살 가운데서 방편을 버리고 바르고 곧게 오직 위없는 도를 설하느니라. 보살은 이 법을 듣고 의심들이 다 없어질 것이고, 일천 이백 아라한도 모두다 성불할 것이니라. 삼세의 부처님들께서 설법하

舍利弗當知　鈍根小智人　著相驕慢者
不能信是法　今我喜無畏　於諸菩薩中
正直捨方便　但說無上道　菩薩聞是法
疑網皆已除　千二百羅漢　悉亦當作佛
如三世諸佛　說法之儀式

시던 의식과 같이 나도 이제 이와 같은 분별없는 법을 설하노라.

　부처님들께서 세상에 나오시는 것은 매우 드물어 만나 뵙기 어려우며, 정작 세상에 나오셔도 이런 법 설하시기는 더욱 어려우며, 한량없고 수없는 세상에 이런 법 듣기도 역시 어려우며, 이 법 능히 들을 수 있는 사람, 이런 사람도 또한 어려우니라.

　비유하자면, 우담발화를 일체

我今亦如是	說無分別法	諸佛興出世
懸遠値遇難	正使出于世	說是法復難
無量無數劫	聞是法亦難	能聽是法者
斯人亦復難	譬如優曇花	一切皆愛樂

가 모두 사랑하고 즐겨하며, 하늘과 인간에서 드물게 여기지만 때가 되어야 한 번 피는 것과 같으니, 법을 듣고 크게 기뻐하며 찬탄하는 말을 한 마디라도 하면 곧 일체의 삼세불에게 이미 공양한 것이 되느니라. 이런 사람은 매우 드물어 우담발화보다 더욱 드물게 있느니라. 너희들은 의심하지 말아라. 내가 모든 법의 왕으로서 널리 대중들에게 말하는데, 오직

天人所希有	時時乃一出	聞法歡喜讚
乃至發一言	則爲已供養	一切三世佛
是人甚希有	過於優曇花	汝等勿有疑
我爲諸法王	普告諸大衆	但以一乘道

일승의 도로 보살들을 교화할 뿐 성문 제자는 없느니라.

너희 사리불과 성문들과 보살들은 마땅히 알아라. 이 묘한 법은 부처님들의 비밀스런 요지이니라. 오탁악세에서 온갖 욕망에 집착하여 즐기기만 하는 이러한 중생들은 끝까지 불도를 구하지 않을 것이며, 오는 세상의 악한 사람은 부처님께서 설하시는 일승을 듣고도 마음이 어둡고 흐려

敎化諸菩薩	無聲聞弟子	汝等舍利弗
聲聞及菩薩	當知是妙法	諸佛之秘要
以五濁惡世	但樂著諸欲	如是等衆生
終不求佛道	當來世惡人	聞佛說一乘

서 믿고 받아들이지 않아 법을 깨뜨리니 악도에 떨어질 것이니라. 부끄러운 것을 아는 청정한 사람이 마음으로 불도를 구하면, 이와 같은 사람들을 위하여 일승의 도를 널리 찬탄하느니라.

사리불아! 마땅히 알아라. 부처님들의 법은 이와 같아서 만억의 방편으로 그때그때마다 적절히 설법하시는 것이니, 그것을 배워 익히지 않는 자는 이 법을 밝게

迷惑不信受　破法墮惡道　有慙愧淸淨
志求佛道者　當爲如是等　廣讚一乘道
舍利弗當知　諸佛法如是　以萬億方便
隨宜而說法　其不習學者　不能曉了此

깨달을 수 없느니라. 너희들은 이미 모든 부처님께서 세상의 스승이 되어 마땅히 방편으로 하시는 일을 다 알았으니, 다시는 여러 가지를 의심하지 말고 크게 기뻐하는 마음을 내어 자신들도 장차 성불할 것이라는 것을 알아라.

제이 방편품 끝
묘법연화경 제일 권 끝

汝等旣已知　　諸佛世之師　　隨宜方便事
無復諸疑惑　　心生大歡喜　　自知當作佛

第二 方便品 終
妙法蓮華經 卷 第一 終

편저자
無一 우학 큰스님

불기 2544년(서기 2000년), 경주 연대산(蓮台山) 산문(山門)을 열고, 선관쌍수(禪觀雙修)로써 선법(禪法)을 펴고 있습니다.

불보사찰 통도사 출가
성파 대종사를 은사로 득도(得度)
대학, 선방, 강원, 토굴 등 제방에서 면학, 수행
성우 대종사로부터 비니정맥 전수
출가 상좌(스님) 60여명, 마을(유발)상좌 3천여 명.
무문관 12년 째 정진 중

포교대상 종정상 대상(대한불교조계종)
대원상 대상(재단법인 불교진흥원)
대한민국찬불가요 대상

한국불교대학 大관음사 창건
국내외 십여 군데 도량 설립(미국, 중국 등)
무일선원 무문관 창건(스님 및 신도 수행처)

사회복지 법인 無一복지재단 설립
　　요양원, 노인센터, 지역아동센터, 공동생활가정, 기억
　　학교, 치매주간보호센터
참좋은어린이집, 참좋은유치원 설립
도서출판 좋은인연 설립
학교법인 無一학원 설립(참좋은이서중·고등학교)
사단법인 NGO B.U.D 설립
의료법인 無一의료재단 설립(참좋은 요양병원)
K-붓다 빌리지 (B.U.D 山海세계명상센터) 설립

300여 권의 저술
저거는 맨날 고기 묵고, 새로운 불교공부, 완벽한 참선법, 참좋은 생각(컬처북스), 하루 한 가지 마음공부법(조화로운삶), 부처되는 공부(뜰), 무문관강론, 지혜로운 삶(신심명강설), 아~부처님, 백팔대참회문 법문(전3권), 無門(전2권), 無一우학 禪敎法藏, 無一우학 法門, 생활 속의 법화경(전2권), 무일설법대전, 33관세음보살님 가피, 비유디 법요집 등

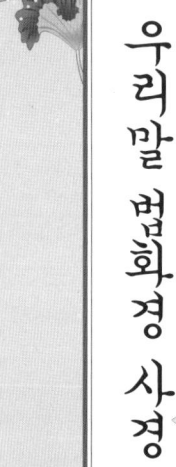

묘법연화경 권 제일

재판1쇄 2024.05

―
편저자 無一 우학 큰스님
―
펴낸곳 도서출판 좋은인연(한국불교대학 부속출판사)
       등록 / 제4-88호
       주소 / 대구 남구 중앙대로 126
       전화 / 053-475-3707
―
가격 978-89-93040-55-5 (01) 7,000원
      978-89-93040-54-8 (set)
―
       대한불교조계종 한국불교대학 大관음사
       홈페이지 / **한국불교대학**
       다음카페 / **불교인드라망**
       유튜브   / **유튜브 불교대학**
           자매채널 비유디 불교TV
           영어채널 K-Buddha village
           (부처님마을)
           중국어채널 K-佛陀(부처님마음)
―
       법보시 받습니다. 보시하신 책은 군법당, 교도소 등에 무료 배포됩니다.(053-475-3707)